SOUVENIRS

D'UNE FAVORITE

SOUVENIRS

D'UNE

FAVORITE

PAR

ALEXANDRE DUMAS

TOME TROISIÈME

PARIS

MICHEL LÉVY FRÈRES, LIBRAIRES ÉDITEURS

RUE VIVIENNE, 2 BIS, ET BOULEVARD DES ITALIENS, 15

A LA LIBRAIRIE NOUVELLE

—

1865

SOUVENIRS

D'UNE FAVORITE

LIV

A l'époque où je traversai l'Allemagne en revenant de Vienne avec sir William et lord Nelson, c'est-à-dire en 1801, je vis en exil l'homme qui avait fait prendre, en 1792, au roi Louis XVI la résolution de faire la guerre à l'Autriche.

Cet homme, c'était Charles-François Dumouriez, qui, pour notre malheur, sauva la France à Valmy et à Jemmapes.

J'en avais tant entendu parler à la cour de Naples. que je le regardai avec la plus grande attention, et que je ne perdis pas un mot de la conversation qu'il eut avec milord (1). Quand j'en serai à cette époque de ma vie, je dirai l'effet qu'il me produisit.

Nous avons dit qu'après le serment prêté à la Constitution, une espèce de paix s'était formée entre l'Assemblée, représentant la nation, et le roi, représentant le droit divin, mais entraîné, malgré lui et malgré la reine, à se faire le champion des principes révolutionnaires de 89. Nous eussions dû dire une trêve.

A la première occasion, cette trêve devait être rompue.

Cette occasion fut le renvoi des ministres qui avaient fait déclarer la guerre.

Nous apprîmes, à la fin de juin, par une lettre même de la reine Marie-Antoinette, l'invasion des Tuileries par les faubourgs Saint-Antoine et Saint-Marceau, sous la direction du fameux Santerre, qui avait commencé, comme Cromwell, par être brasseur, mais qui, faute du génie du protecteur, s'arrêta au tiers du chemin que parcourut le député de l'université de Cambridge. Cette lettre était l'avant-dernier cri du désespoir de Marie-Antoinette. Nous n'entendîmes pas le dernier, poussé le 10 août. A

____

(1) A quelques exceptions près, lady Hamilton, en parlant de Nelson, dans ses Mémoires, dit *milord* tout court.

partir du 1er juillet 1792, la reine Caroline n'eut plus
que des nouvelles indirectes de sa sœur, et l'on ne vit
plus ce qui se passait en France que comme on voit
de temps en temps les éclairs à travers la tempête.

La lettre de la reine Marie-Antoinette était longue;
elle expliquait comment Louis XVI avait consenti à
la guerre avec l'Autriche et était venu le premier la
proposer à l'Assemblée nationale.

Marie-Caroline se doutait bien que son beau-frère
avait fait cette démarche malgré lui; mais elle ignorait la situation précise dans laquelle il se trouvait;
la lettre de sa sœur la lui exposait dans toute sa
clarté.

Le roi, que les jacobins, Robespierre surtout,
accusaient de vouloir la guerre, la voulait, en réalité,
moins que personne. En effet, il avait tout à perdre
à une guerre, et la reine l'expliquait très-bien. Une
victoire de la Fayette ou de tout autre général ne
relevait le trône que pour le mettre en tutelle; d'un
autre côté, une défaite exaspérait Paris, lançait
l'émeute dans les rues, et, des rues, la poussait jusqu'aux Tuileries, où elle n'avait pas encore pénétré;
car le roi serait naturellement accusé d'avoir préparé
cette défaite, ou, du moins, d'en être satisfait. Enfin,
si, contre toute probabilité, le roi ne disparaissait
pas dans la tempête, si la royauté de droit divin

triomphait, au profit de qui triompherait-elle? Au profit de Monsieur et de l'émigration, car Monsieur ne cachait plus ses projets : Monsieur voulait l'abdication de Louis XVI et la régence jusqu'à la majorité du dauphin.

La reine, particulièrement, avait tout à craindre, et, quoique son caractère énergique, qui avait de si grands rapports avec celui de Marie-Caroline, la portât à affronter le danger, elle ne se dissimulait pas qu'elle n'avait d'amis ni à Paris ni à l'étranger. A Paris, elle avait été appelée tour à tour ou *madame Déficit* ou *madame Véto*, et elle avait pour ennemis le peuple tout entier. A Coblence, elle était outrageusement chansonnée et avait pour ennemis mortels Monsieur et l'ancien ministre Calonne, qui, après avoir été son serviteur, l'avait prise en haine et tenait en main M. le comte d'Artois, autrefois bienveillant pour elle, mais qui, depuis, avait passé dans le camp de ses adversaires.

Ainsi, la France victorieuse, c'était probablement, pour Marie-Antoinette, la déchéance; les princes vainqueurs, c'était pis : c'était la répudiation et un couvent.

La guerre avait été déclarée par le roi de France à l'Autriche le 20 avril. Le 28 avait eu lieu, à Quiévrain, la première rencontre; les révolutionnaires avaient été battus et avaient massacré, dans une grange, le général Théobald Dillon, frère du bel Arthur Dillon, qui passait pour avoir été le premier amant de Marie-Antoinette. Or, la haine contre la pauvre reine de France était si grande, que les soldats, confondant Théobald avec Arthur, tuèrent celui-ci en haine de son frère et en criant à la trahison.

L'autre fut plus malheureux encore : il mourut en 94 sur l'échafaud.

Malheureusement, les Prussiens ne surent pas profiter de ces premières victoires. Ils avaient une si grande confiance en eux, que le duc de Brunswick, auquel la reine avait écrit pour lui recommander son beau-frère et sa sœur, lui répondait :

« Que Votre Majesté se rassure. Ce n'est point une guerre que nous allons faire, c'est une promenade militaire. Nos étapes sont marquées d'avance, et, vers le 15 septembre, nous serons à Paris. »

Et, en effet, le 23 août, le général Clerfayt prenait Longwy après un bombardement de vingt-quatre heures, et, le 2 septembre, le roi de Prusse en personne prenait Verdun et se mettait en marche sur Paris.

Mais, avant ces nouvelles un peu rassurantes, de désastreuses nouvelles nous étaient parvenues.

Le 10 août, les Tuileries avaient été prises d'assaut, et, le 13, le roi et la famille royale avaient été enfermés au Temple.

Puis arriva la nouvelle du massacre des prisons. Dans le premier moment, on annonça à la reine que tous les prisonniers étaient massacrés ; qu'il n'y avait eu d'exception pour personne, et que le roi et la reine avaient péri avec les autres. Marie-Caroline pensa devenir folle de rage et de douleur.

Mais on reçut à la fois une lettre de M. de Breteuil, agent de Louis XVI, et une autre de M. de Mercy-Argenteau, qui rassuraient la reine de Naples à ce sujet : le roi et la reine de France étaient vivants ; mais on parlait de faire son procès au roi.

M. de Mercy-Argenteau annonçait, en outre, dans un post-scriptum, que la Vendée s'était soulevée. Ainsi, les républicains avaient en face l'épée de l'étranger, dans les reins le poignard royaliste.

Nous apprîmes en même temps la victoire de Valmy, la proclamation de la République, la mise en accusation du roi et la paix probable avec la Prusse. La promenade militaire de Sa Majesté le roi Frédéric-Guillaume n'avait point dépassé la lisière de la forêt de l'Argonne et s'était arrêtée au camp de la Lune.

Ce fut alors que Marie-Caroline résolut de faire entrer en ligne le gouvernement napolitain.

Le premier signe d'hostilité que donna le roi Ferdinand à la nouvelle République fut de refuser de la reconnaître dans la personne de son ambassadeur le citoyen Mackau, et de faire faire le même refus, à Constantinople, au citoyen Sémonville. Puis la reine fit rédiger, par le général Acton, une note pour les gouvernements de Venise et de la Sardaigne. Cette note, qui poussait à une ligue italienne, était conçue en ces termes :

« Quelle que soit sur le Rhin la situation des armées allemandes, il importe à l'Italie d'avoir sur les Alpes des forces qui lui servent de rempart et empêchent les Français, ou vaincus sur d'autres points. et pour faire une diversion désespérée, ou vainqueurs, et pour se venger en poursuivant leurs conquêtes, de venir inquiéter les gouvernements italiens. Si le royaume de Naples, la Sardaigne et Venise se liguaient dans ce but, le souverain pontife se joindrait à cette sainte cause, les petits États intermédiaires suivraient bon gré mal gré le mouvement général, et il en résulterait une masse de forces capable de défendre l'Italie et de lui donner du poids et de l'influence dans les guerres et les conseils de l'Europe. L'objet de cette note est de proposer l'éta-

blissement d'une confédération dans laquelle le roi
des Deux-Siciles prendrait la plus grande responsabilité, quoiqu'il soit le dernier que les armes de la
France puissent atteindre. Mais il croit devoir rappeler aux princes italiens que l'espoir d'échapper
isolément au danger d'une invasion a toujours été la
ruine de l'Italie. »

On venait de recevoir la réponse de la Sardaigne,
qui acceptait ; on allait recevoir celle de Venise, lorsque, le 16 décembre, tandis que les ministres étaient
en conseil avec sir William, et que, moi, je venais
de déjeuner avec la reine, qui se tenait debout à la
fenêtre, frappant avec distraction du doigt sur les
carreaux, elle m'appela tout à coup, et, me montrant la mer couverte de vaisseaux dans tout l'intervalle existant entre la pointe du Pausilippe et
Capri :

— Qu'est-ce que cela ? me demanda-t-elle.

Je regardai, aussi ignorante qu'elle. Mais, lorsque
l'escadre fut en vue de Naples, elle arbora ses pavillons, et, à leur triple couleur, si abhorrée à Naples,
on reconnut une flotte française.

En ce moment, nous entendîmes des pas précipités
dans la chambre précédente ; la porte s'ouvrit violemment ; le roi parut, très-pâle et très-agité, et, se
jetant dans un fauteuil tout en indiquant du doigt

les quelques bâtiments qui s'avançaient à pleines voiles :

— Tenez, madame, dit-il s'adressant à la reine, voilà votre ouvrage !

La reine, de son côté, devint très-pâle aussi, mais de colère ; sa lèvre inférieure, sa lèvre autrichienne, s'allongea dédaigneusement, et, les sourcils froncés, et regardant son mari en face :

— Veuillez me faire la grâce de vous expliquer, dit-elle, car je ne vous comprends pas.

— Pardieu ! fit le roi, c'est bien facile à comprendre cependant ! Vous m'avez fait refuser de recevoir M. *Magot;* — le roi, dans son patois napolitain, estropiait, volontairement ou involontairement, le nom de l'ambassadeur de la république française ; — vous m'avez fait écrire à mon bon ami le Grand Turc, que je n'ai jamais vu, et dont les beys de Tunis, de Maroc et de Tripoli enlèvent mes sujets et les font ramer sur leur galères ; vous m'avez fait écrire à mon ami le Grand Turc pour qu'il refusât aussi de recevoir M. de Sémonville, et il n'a eu garde de se priver de ce plaisir. Vous m'avez mis à la tête d'une confédération de princes italiens, dont la moitié me laisseront là au milieu du danger, pour faire une coalition contre la France. Eh bien, voilà la France qui se fâche et qui m'envoie une flotte ; pour quoi

faire? Dieu le sait! Pour bombarder Naples peut-
être!

— Eh bien, après? demanda la reine.

— Comment, après? après que Naples sera bombardée?

— Naples sera bombardée, si elle ne se défend pas.

— Au contraire, madame, elle sera bombardée si
elle se défend.

— Alors, vous comptez laisser entrer les Français
dans le port sans tirer un coup de canon?

— Je le crois bien! D'abord, la poudre que l'on
fait à Naples ne vaut rien, attendu qu'il y a dix fois
plus de charbon que de salpêtre; si je chassais avec
de la poudre de Naples, je ne tuerais pas le tiers de
mes coups; aussi, je fais venir ma poudre d'Angleterre.

— De sorte que vous avez ordonné...?

— Que l'on aille au-devant du vaisseau amiral pour
rappeler au commandant de la flotte qu'un ancien
traité ne permet l'entrée du port qu'à six vaisseaux
de guerre français.

— A la bonne heure! s'écria la reine.

— Attendez donc!... Mais pour lui dire, continua
le roi, qu'une fois n'est pas coutume, et que je le prie
seulement, avant qu'aucun officier de la flotte des-
cende à terre, de me faire savoir quelle est l'heureuse

circonstance qui me procure l'honneur de sa visite.

— Tu l'entends, Emma! fit la reine impatientée et frappant du pied.

Le roi fit semblant de ne pas s'apercevoir de ce mouvement de la reine.

— Eh! tenez, dit le roi, voilà le capitaine François Caracciolo qui va, dans la yole royale, accomplir ma commission.

— Je vous admire! dit la reine raillant. Vous envoyez un prince à des républicains.

— Madame, comme je présume que la république française m'envoie ce qu'elle a de mieux, je lui envoie ce que j'ai de mieux de mon côté. Tenez, les voyez-vous, ces gredins de Français! Ils n'ont peur de rien, ces diables de jacobins! Voilà le vaisseau amiral qui jette l'ancre à une demi-portée de canon du château de l'Œuf. Il faut qu'ils sachent que nous avons de mauvaise poudre; sans quoi, ils ne s'exposeraient pas à se faire couler bas.

— Hélas! non, murmura la reine, ils ne savent pas cela; mais, probablement, ils savent autre chose...

— Que je suis incapable de profiter de leur imprudence? dit le roi de ce ton narquois qui faisait qu'on ne pouvait jamais deviner s'il raillait ou parlait sérieusement, s'il lançait un trait d'esprit ou disait une bêtise. Ils ont raison, ces chers sans-culottes ! Eh ! ma foi, voilà toute la flotte qui se déploie en ligne de bataille ; ils manœuvrent à merveille ! Et quand on pense que, depuis huit ou dix ans, mon ministre de la marine, M. le général Acton, me mange huit ou dix millions par an, en me promettant une flotte que je ne vois jamais venir ; avec cent millions, je devrais avoir une flotte triple de celle-ci. Descendez donc au conseil, madame, et faites donc cette observation à M. Jean Acton ; venant de votre part, elle lui fera probablement plus d'effet que de la mienne ; car enfin, comprenez-vous ? si j'avais une flotte triple de celle-là, si mauvaise que soit notre poudre, nous pourrions nous défendre, tandis qu'ayant de la mauvaise poudre et cinq ou six pauvres vaisseaux qui courent les uns après les autres, la chose est impossible !

La reine, qui comprenait l'intention du roi, se mordait les lèvres jusqu'au sang ; le roi lui disait du même coup : « Tu as un mari qui est un lâche, et un amant qui est un voleur. »

— Vous avez raison, monsieur, dit-elle. J'y descendrai, au conseil, et j'y parlerai dans le sens que vous dites.

— Oh ! vous avez le temps ! Tenez, voilà Caracciolo qui monte seulement à bord. Voyez donc

comme cela intéresse ce bon peuple ! Tout Naples est
sur les quais. Le beau carnage si l'on se battait. Il est
vrai que cela se sauverait bien vite !

— L'impitoyable cynique ! murmura la reine.
L'entends-tu ? Je crois que, s'il n'avait personne à
railler, il se raillerait lui-même.

— Diable ! fit le roi, l'entrevue n'a pas été longue :
voilà Caracciolo qui redescend dans sa yole. Avant
dix minutes, il sera ici. Nous faites-vous l'honneur
d'assister au conseil, madame ? Vous savez que c'est
votre droit depuis que vous avez donné un héritier à
la couronne ; vous en avez même fait sortir Tannucci en usant de ce droit : il était pour la politique
française, et vous étiez pour la politique autrichienne. Oh ! s'il était ici, lui, il nous donnerait un
bon conseil !

Et le roi sortit en secouant la tête et en disant :
— Pauvre Tannucci !

LV

J'avoue que j'étais restée pétrifiée. Je savais bien
le roi de Naples assez peu soucieux de sa propre

dignité ; mais je ne croyais point qu'il en poussât l'oubli jusque-là.

Je regardai la reine.

— Irez-vous, madame? lui demandai-je.

— Oh! certes, oui, j'irai! répondit-elle. Et tu y viendras même avec moi.

— Moi, madame! et à quel titre?

— Tu y viendras, dit la reine avec impatience. Je veux que tu puisses répéter à sir William comment les choses se sont passées, et lui dire quel est l'homme, du roi ou de la reine.

Il n'y avait rien à répondre ; ce n'était plus une invitation, c'était un ordre. Je suivis la reine, et, cinq minutes après, nous entrions au conseil. Ce conseil se composait du général Acton, de Carlo de Marco, de Ferdinando Corradini, de Saverio Simonetti, et du nouveau régent de la Vicairie, Louis de Medici. Le roi présidait d'habitude ce conseil ; mais on sait de quelle manière, en apparaissant et en disparaissant.

Ferdinand avait bien calculé le temps que devait mettre le capitaine Caracciolo à revenir du bâtiment amiral français : à peine la reine avait-elle pris place à la table en face du roi, et m'étais-je assise dans un coin, que la porte s'ouvrit et que l'on annonça le messager.

C'était la première fois que je voyais le personnage à la mort duquel je devais, sept ans plus tard, prendre une si cruelle part. Caracciolo était alors un homme de quarante ans, à l'œil noir, aux traits fortement accentués. Il avait en lui quelque chose d'âpre et de dominateur qui sentait le patricien de race; et, en effet, il était prince, ou plutôt *des* princes Caraccioli, descendant de ces fameux Caraccioli qui jouèrent un si grand rôle dans les guerres civiles de Naples, et dont l'un, Sergiani, amant de la reine Jeanne IIe, fut assassiné au castel Capuano, par vengeance du soufflet qu'il avait, dans une minute d'emportement, osé donner à sa royale maîtresse.

Il entra, regarda autour de lui, sembla voir avec étonnement deux femmes, dont une étrangère, assister au conseil, salua profondément et resta muet.

— Eh bien? lui demanda Ferdinand avec impatience.

— Le roi m'ordonne de parler? demanda Caracciolo.

— Tu as donc besoin d'un ordre pour rendre une réponse au roi?

— Le roi était seul quand il m'a envoyé...

— Oui, dit la reine, et le roi n'est plus seul maintenant; mais vous devez connaître, il me semble, les personnes devant lesquelles vous êtes introduit.

— J'ai l'honneur de connaître Leurs Majestés et Leurs Excellences, répondit d'une voix ferme Caracciolo; mais je n'ai pas l'honneur de connaître madame.

— Madame est mon amie intime, dit la reine.

— C'est un titre à notre respect, madame, repartit le prince en s'inclinant; mais, comme il s'agit des affaires de l'État...

— Voulez-vous ordonner au capitaine Caracciolo de parler, général? dit la reine au ministre Acton. Votre ordre aura peut-être plus de puissance sur lui que l'invitation du roi et la mienne.

— Voyons, parle! dit le roi.

— Sire, reprit Caracciolo, l'officier qui commande la flotte française est l'amiral de Latouche-Tréville.

— Qu'est-ce que cela, l'amiral de Latouche-Tréville? demanda Ferdinand.

— Un des meilleurs marins de la marine française, sire. C'est lui qui soutint, en 1781, avec le capitaine la Pérouse, — la Pérouse commandant l'*Astrée*, et lui commandant *l'Hermione*, — un combat de cinq heures contre quatre frégates et deux corvettes anglaises, et, malgré la supériorité du nombre, eut les honneurs de la journée.

— Et que vient-il faire ici?

— Il a refusé de s'en ouvrir à moi, sire; mais il a

dit que, dans une heure, il enverrait son second pour vous donner toute explication à ce sujet.

— Eh bien, messieurs, dit le roi, attendons les explications de monsieur... pardon, je me trompe : du citoyen Latouche-Tréville.

— J'ai bien peur, sire, dit Acton, que nous ne soyons menacés d'une scène pareille à celle que fit, dans le port de Naples, au commencement du règne de l'auguste père de Sa Majesté, l'amiral Martinn, lorsqu'il vint, au nom de l'Angleterre et de l'Autriche, signifier au gouvernement italien qu'il eût à garder la neutralité dans la guerre d'Italie.

— Oui, oui, dit Ferdinand, l'officier chargé de parler au nom du commodore fut même fort insolent; il tira une montre de sa poche, la régla sur la pendule, — c'est encore la même aujourd'hui, — et donna deux heures au roi pour signer un traité de neutralité et expédier l'ordre à Montemar de rentrer dans le royaume avec ses troupes.

— Et que fit le roi votre père? demanda la reine.

— Pardieu! répondit Ferdinand, il fit ce qu'exigeait l'Angleterre.

— Mais parce qu'à cette époque, s'écria Caracciolo oubliant qu'on ne l'interrogeait point, parce qu'à cette époque, sire, la ville était sans défense, sans retranchements, sans garnison, sans approvisionnements ; parce que la cour n'était pas militaire, parce que les ministres étaient des hommes timides ; tandis qu'aujourd'hui...

— Tais-toi! dit le roi ; on ne te demande pas ton avis.

— Parlez, au contraire! dit la reine. Nous voulons être renseignés.

Puis, se tournant vers le roi :

— Vous permettez, n'est-ce pas, sire?

— Oh! vous savez bien que je permets tout, répondit Ferdinand ; ce qui n'empêche pas que je ne fasse à ma tête.

Il se leva et sortit.

— Vous disiez, monsieur, reprit la reine s'adressant à Caracciolo : « Tandis qu'aujourd'hui... »

— Tandis qu'aujourd'hui, reprit le capitaine, la ville est abondamment pourvue de canons, d'hommes, d'armes et de munitions. Avec un feu bien dirigé du château de l'Œuf et du château Neuf, on tiendra la flotte française hors de la portée de la bombe.

— Le roi prétend que la poudre ne vaut rien, dit la reine.

— Eh bien, madame, dit Caracciolo, on essayera de l'abordage. Qu'on me laisse prendre trois cents barques dans le port, et j'irai, à leur tête, attaquer le vaisseau amiral.

Le roi rentrait. et, entendant les dernières paroles de Caracciolo, il haussa les épaules.

— J'en demande pardon à Votre Majesté, dit Caracciolo, mais les corsaires barbaresques et les corsaires malais ne font pas autrement.

— Monsieur, dit la reine, au nom du ciel, écoutez ce que vous dit le capitaine. Il s'agit ici de l'honneur de votre couronne.

— Il y a plus, madame, dit Caracciolo s'adressant à la reine, qu'il voyait passer de son côté; nous sommes dans une saison où le port de Naples n'est point tenable. D'après la connaissance que j'ai de notre climat, continua-t-il en interrogeant le ciel du regard, je répondrais même que vingt-quatre heures ne s'écouleront pas sans que quelque coup de vent force la flotte française à prendre le large. Son Excellence M. le ministre de la guerre, qui est marin, peut attester que je dis la vérité.

— Répondez, général! dit Caroline.

— Il y a, en effet, dit le ministre, beaucoup de vrai dans ce que dit M. Caracciolo ; mais nous sommes pris de court.

— Non, général, reprit le capitaine; car, à la vue de la première voile, j'ai tout ordonné à bord de ma

corvette, comme si j'étais sûr que cette voile fût ennemie, et je suis convaincu que mes collègues en
station dans le port en ont fait autant que moi.

— Eh bien, sire, demanda la reine à Ferdinand,
qui, un genou croisé sur l'autre, faisait danser sa
jambe, que dites-vous?

— Vous le voyez, madame, répliqua le roi, je ne
dis rien.

— Que faites-vous, alors?

— J'attends.

Au moment où le roi prononçait ce mot, on entendit un premier coup de canon, puis un second,
puis un troisième.

— Ah! s'écria la reine en se levant et en courant
à la fenêtre, il me semble que le château de l'Œuf
fait feu.

— Oui, madame, dit Caracciolo, mais à poudre.
Le fort de l'Œuf salue l'envoyé de M. de Latouche-
Tréville. Et, tenez, voici le château Neuf qui lui fait
écho.

En effet, les coups se succédaient avec régularité,
et l'on put compter les vingt et un coups qui sont
le salut d'usage entre puissances amies.

— Votre Majesté veut-elle me permettre de me
retirer? dit Caracciolo s'adressant à la reine. Je
n'ai plus rien à faire ici.

— Ni moi non plus, dit la reine ; aussi, je me retire en même temps que vous. Viens, Emma !

La reine me fit signe de la suivre ; j'obéis. Caracciolo s'effaça pour nous laisser passer, salua profondément et respectueusement la reine, mais se releva à mon passage, et me jeta un regard si dédaigneux, que le rouge de la honte me monta au front.

C'était la seconde insulte qu'il me faisait ce jour-là.

La reine marchait vivement et sans se retourner, même pour voir si je la suivais. Elle gagna la porte de sa chambre, s'y précipita, et, se laissant tomber sur un canapé en enfonçant ses mains dans ses cheveux :

— Eh bien, dit-elle, tu l'as vu ! Mon beau-frère Louis XVI est un lion près de cet homme. Oh ! combien de hontes il nous reste à boire, ma pauvre Emma, si ton gouvernement ne vient pas à notre secours.

— Madame, répondis-je, je ne suis qu'une pauvre femme fort étrangère à la politique ; mais il me semble que, dans tout cela, il y a autant de la faute des ministres que de celle du roi.

— Que veux-tu ! tous ces hommes ne sont pas des ministres, ce sont des laquais... Ah ! mon pauvre Joseph ! si tu étais là, ce n'est pas toi qui laisserais insulter ta reine... Tiens, entends-tu, voilà les salves qui recommencent. La République prend posses-

sion de la terre de Naples... En vérité, ce Caracciolo
est une vigoureuse nature.

— Que Votre Majesté me permette d'en rester
pour lui à l'admiration, et n'exige pas que j'en
vienne à la sympathie. Il n'a été rien moins que poli
pour moi.

— Tous ces nobles Napolitains sont ainsi faits :
à plat ventre comme des lazzaroni, ou orgueilleux
comme des barons du saint-empire. Ces Caraccioli
prétendent remonter aux empereurs grecs; ils sont
fiers; mais, au moins, ils sont braves. Tu as vu
celui-là; on lui aurait dit d'aller attaquer, avec sa
Minerve, le vaisseau amiral, qu'il y eût été comme
à une fête. J'aime mieux ces hommes-là, à tout
prendre, que ces roseaux qui plient à chaque vent.

La reine s'approcha de la fenêtre.

— Est-ce que tu n'aurais pas eu de plaisir, dit-
elle, à contempler d'ici un beau combat? Vois
donc avec quelle insolence ils font flotter au vent
leur bannière révolutionnaire! « Prenez ces couleurs, sire, a dit la Fayette en donnant sa cocarde
au roi; elles feront le tour du monde. » J'espère
bien que l'Angleterre ne permettra point que cette
orgueilleuse prédiction s'accomplisse. Oh! tiens,
quand je pense qu'il y a, à l'autre bout de ce palais,
un Français qui vient nous imposer des lois, au nom

d'un gouvernement qui tient ma sœur en prison et qui va peut-être couper le cou à mon beau-frère, en vérité, j'en deviens folle de rage !

En ce moment, on gratta à la porte.

Un huissier annonça l'ambassadeur d'Angleterre.

—Qu'il entre ! qu'il entre ! cria la reine.

Puis, tendant la main à sir William :

—Ah ! vous arrivez bien ! lui dit-elle. Vous savez ce qui se passe ?

— Je sais ce que l'on dit, voilà tout ; mais que Votre Majesté me permette de m'informer d'abord de l'état de sa santé.

— Il s'agit bien de ma santé à moi ! C'est de la santé du royaume qu'il faut s'inquiéter. Nous sommes bien malades, mon cher Hamilton, et, si M. Pitt ne nous vient en aide, j'ai grand'peur que, comme à mon frère Louis XVI, le 20 juin, on ne nous enfonce le bonnet rouge jusqu'aux oreilles.

— M. Pitt, madame, dit sir William, viendra à votre aide, n'en doutez pas. Mais il a un système que je ne saurais approuver, puisqu'il est contraire aux désirs de Votre Majesté : M. Pitt est un whig devenu tory, ne l'oubliez pas ; il veut que la France se place d'elle-même au ban des nations.

— Oui, c'est-à-dire qu'au lieu de sauver Louis XVI, ce qu'il eût fait en se réunissant à la coalition, il le vengera quand les Français l'auront tué. Au reste, je suis bien exigeante de vouloir que le ministre d'une nation qui a décapité Charles Ier se fâche parce qu'une nation voisine veut imiter son exemple. Oh! s'il haïssait les Français comme moi!

— Je vais dire à Votre Majesté une chose qui lui paraîtra impossible, et qui cependant est vraie : M. Pitt hait les Français plus qu'elle.

— Plus que moi?

— Oui, madame.

— Je l'en défie bien!

— Oh! le défi est accepté depuis longtemps... Croyez-moi; j'ai connu le père, lord Chatam, j'ai connu le fils, je l'ai vu enfant; il est né enragé, malade, d'une violence innée. C'est une créature triste, amère, âpre, acharnée à tout; il l'est aujourd'hui à la ruine de la Révolution; seulement, il attend, pour prendre son heure. Fox et Sheridan, à qui j'ai écrit, ont fait tout au monde pour que le gouvernement intervînt auprès de la Convention; lui n'a pas voulu. C'est triste à dire, à Votre Majesté surtout, mais il spécule sur l'horreur que produira en Europe l'événement. M. Pitt a ri deux fois dans sa vie, madame, et deux fois il est descendu jusqu'à plaisanter : la première fois qu'il a ri, c'est quand il a su la révolte de Saint-Domingue, que les nègres

brûlaient tout et égorgeaient tout. Il a ri, et il a
dit : » Les Français pourront maintenant prendre
leur café au caramel! » La seconde fois qu'il a ri.
c'est il y a quinze jours, quand Fox et Sheridan,
poussés par moi, lui ont fait observer que, s'il n'in-
tervenait pas, les Français pourraient pousser la folie
jusqu'à tuer leur roi, il a ri et il a dit : « En ce cas,
il y aura un blanc sur la carte de l'Europe »

— Mais c'est un monstre que votre Pitt! s'écria
la reine.

— Je n'ai point d'opinion sur M. Pitt, dont j'ai
l'honneur d'être ambassadeur, madame, dit sir William en riant; mais je sais qu'il a eu le talent de se
faire adorer des trois Angleterres.

— Qu'appelez-vous les trois Angleterres, sir William? l'Angleterre, l'Irlande et l'Ecosse?

— Oh! non : de la vieille Angleterre, de l'Angleterre féodale, qui, depuis 89, se mourait de peur,
croyant, à chaque bateau venant de France, voir
débarquer les Droits de l'homme ; de l'Angleterre
marchande, couchée sur la mer comme sur son fief,
et à laquelle il a promis l'anéantissement de la marine française; enfin, de l'Angleterre oisive, spécu-
latrice, agioteuse : la France sépare sa terre; les
Anglais séparent leurs rentes. Chaque Anglais a
son coupon, et, chaque matin, il calcule ce qu'il a

III.   2

gagné dans la nuit. Quand la France, marchant à la banqueroute, émit pour deux milliards d'assignats, notre cinq pour cent, qui était à 92, monta à 120 : Pitt fut un grand homme ! Le quatre, qui était à 75, alla à 105 : Pitt fut un héros ! Le trois, enfin, qui était à 57, est à 97 : Pitt est un dieu !

— Triste dieu !

— Hélas ! vous le savez, madame, les hommes se font des dieux selon leur amour ou leur haine. Les Indiens adorent une vache, les Mongols un lama, les Siamois un éléphant blanc. Laissez-nous adorer le veau d'or ; c'est encore notre religion la plus étendue, allez !

En ce moment, on entendit le canon qui retentissait de nouveau, annonçant que le messager de M. de Latouche-Tréville remontait dans le canot amiral, et l'on vint prévenir sir William que le roi le priait de passer chez lui.

LVI

D'après les dispositions du roi et celles du conseil, on a pu prévoir que l'envoyé de M. de Latouche-

Tréville ne rencontrerait pas de grandes difficultés dans le succès de sa négociation ; en effet, le roi était décidé à accorder à la France tout ce qu'elle lui demanderait, quitte à lui manquer de parole ou à la trahir quand l'Angleterre se déciderait à se mettre de la partie.

Le roi avait donc déclaré, séance tenante, de vive voix et par écrit, qu'il était prêt à recevoir le citoyen Mackau, et à le traiter en ambassadeur de puissance amie.

Il avait promis de garder la neutralité la plus complète, dans les guerres de la France avec l'Europe ; enfin, il s'était engagé à rappeler de Constantinople son ambassadeur, lequel avait été cause de la non-réception de M. de Sémonville, c'est-à-dire qu'il avait cédé sur tous les points et avait donné à la France toute satisfaction.

Aussi, le même soir, vîmes-nous la flotte française mettre à la voile, puis s'éloigner et se perdre dans le crépuscule. Le lendemain, au jour, pas un bâtiment n'était en vue.

Mais, avant de partir, l'amiral de Latouche-Tréville avait débarqué l'ambassadeur de France à Naples, lequel était accompagné de l'ambassadeur près la cour de Rome, le citoyen Basseville.

Comme l'avait fait remarquer le roi, la foule qui

regardait le spectacle d'une flotte française manœu-
vrant à toutes voiles dans le golfe était immense sur
tous les points du vaste amphithéâtre ; mais elle
s'était pressée plus épaisse et plus tumultueuse que
partout ailleurs, là où avait débarqué l'envoyé de
l'amiral français. Le drapeau tricolore qui ornait la
poupe du vaisseau amiral avait éveillé, en flottant si
près de la terre napolitaine, des émotions bien différentes : les lazzaroni l'avaient regardé avec une
espèce d'idiotisme haineux ; mais tout ce qui appartenait à la jeunesse éclairée de Naples, ainsi que les
hommes exerçant des professions libérales, quel que
fût leur âge, avait senti battre leur cœur à ce signe
visible d'une révolution avec laquelle tout le parti
avancé espérait pactiser un jour. On rapporta tous
ces détails à la reine, et on lui assura même que
quelques jeunes gens, parmi lesquels se trouvait un
certain Emmanuele de Deo, n'avaient pu contenir
leur enthousiame, et, au moment où l'envoyé
de l'amiral avait repassé au milieu d'eux avec
son costume républicain, avaient crié : « Vive la
France ! »

Le soir, en revenant au palais de l'ambassade
anglaise, situé au coin de la rivière et de la rue de
Chiaïa, je vis des groupes rue Chiatamone ; ces
groupes étaient causés par la vue du drapeau trico-

lore français flottant au-dessus d'une porte ; cette porte était celle du citoyen Mackau.

Le lendemain, dans l'après-midi, ce qu'avait prédit le capitaine Caracciolo arriva : les vents passèrent au sud-ouest, et une effroyable tempête éclata. Si Naples avait résisté vingt-quatre heures seulement, la flotte française, ou était forcée de prendre le large et, par conséquent, de fuir, ou elle était perdue depuis son premier jusqu'à son dernier vaisseau.

A cette vue, qui lui donnait si complétement raison, la reine ne put y tenir : elle reprocha au roi sa lâcheté, reproche auquel Ferdinand, il faut l'avouer, était peu sensible ; au lieu de se féliciter de cette tempête, qui pouvait, sans que le canon napolitain eût besoin de s'en mêler, faire éprouver de terribles avaries à la flotte de l'amiral français, il déplorait une partie de chasse arrêtée pour le lendemain dans la forêt de Persano, et à laquelle il était forcé de renoncer. Il avait néanmoins un peu rassuré la reine en lui faisant une théorie sur sa manière d'envisager la foi due aux traités, et s'était engagé positivement, avec sir William, à tourner le dos à la France aussitôt que les Anglais se joindraient à la coalition ; M. Pitt n'aurait qu'à lui faire un signe, et hommes et vaisseaux seraient à la disposition de l'Angleterre.

Le 20 décembre, c'est-à-dire quatre jours après

2.

le départ de la flotte, je fus réveillée par un grand bruit; un flot de peuple s'écoulait bruyamment par Ponte de Chiaïa, et se répandait dans les jardins de la villa.

Je sonnai et demandai quel événement causait toute cette rumeur; on me répondit que c'était la flotte française qui rentrait dans le port.

Je me levai et m'habillai précipitamment, pensant bien que la reine allait m'envoyer chercher; et, en effet, au moment où j'achevais ma toilette, je reçus d'elle un billet dans lequel elle m'invitait à passer au château. Presqu'au même instant, sir William entra chez moi. Il venait de recevoir du roi la même invitation et m'offrait de me conduire.

Nous montâmes en voiture et dîmes au cocher de prendre par Sainte-Lucie.

En effet, à peine fûmes-nous arrivés sur le quai, que nous vîmes toute la flotte qui rentrait dans le port, non plus dans l'ordre admirable où elle s'y était présentée quelques jours auparavant, mais comme une troupe d'oiseaux de mer effarouchés, tirant de l'aile chacun de son mieux pour regagner son abri.

Nous arrivâmes au château. On avait convoqué en hâte le conseil, et, en montant par le grand escalier, nous rencontrâmes ce même capitaine Caracciolo, que l'on avait jugé à propos d'appeler, quoique, la première fois, il eût été d'un avis différent de celui du roi.

Sir William me mit à la porte de la reine, et se rendit à la salle du conseil.

En entrant chez la reine, je lui dis la rencontre que je venais de faire sur l'escalier; elle sonna aussitôt.

— Que l'on prie le capitaine Caracciolo d'entrer chez moi avant de se rendre au conseil, dit-elle; j'ai à lui parler.

Puis, m'entraînant :

— Comprends-tu quelque chose à ce qui se passe? Nous qui nous croyions débarrassés de cette flotte française! Que nous veut donc cet amiral de Latouche-Tréville avec ses bannières et ses cocardes tricolores? Vient-il ici pour faire de la propagande républicaine, pour nous mettre, nous aussi, en révolution? Oh! qu'ils y prennent garde! Nous sommes prévenus à temps. On n'aura pas si bon marché de nous que de Louis XVI et de Marie-Antoinette. Quant à moi, je le déclare, je serai sans pitié.

Je n'avais pas encore eu le temps de répondre, lorsque la porte s'ouvrit et que l'on annonça le capitaine François Caracciolo.

— Venez, venez, monsieur ! dit la reine. Vous êtes le seul qui, l'autre jour, ait été de mon avis.

Caracciolo s'inclina.

— Et c'est un grand bonheur pour moi, dit-il ; car, l'autre jour, Votre Majesté parlait au nom de l'honneur napolitain.

— Eh bien, voyons, aujourd'hui, franchement, qu'arrive-t-il ?

— Ce que j'avais prédit, madame ; la flotte française a été battue et dispersée par la tempête ; si nous avions tenu seulement vingt-quatre heures, nous étions les maîtres de la situation.

— Ne pouvons-nous pas le redevenir ?

— Comment cela, madame ?

— A votre avis, la flotte française rentre à Naples parce qu'elle est en détresse ?

— Autant que j'en puis juger, dit Caracciolo en jetant un regard du côté de la mer, il n'y a pas un bâtiment qui n'ait subi des avaries.

— Eh bien, si l'on profitait de la situation et si l'on tentait aujourd'hui ce que l'on n'a pas osé faire l'autre jour, seriez-vous toujours prêt à aller attaquer le vaisseau amiral avec votre corvette ?

— Impossible, madame !

— Comment, impossible ?

— L'autre jour, je proposais d'attaquer un ennemi.

— Après?

— Aujourd'hui, cet ennemi est devenu notre
allié.

— Notre allié?

— Sans doute; une parole a été échangée, madame, un traité a été signé. L'amiral de Latouche-
Tréville, l'autre jour, venait imposer des conditions
à une nation ennemie ; aujourd'hui, il vient demander du secours à un royaume allié. Combattre, l'autre jour, à mon avis, était un devoir; attaquer
aujourd'hui serait une trahison.

— Et si cependant vous en receviez l'ordre du
roi ?

— D'attaquer?

— Oui.

— J'espère, madame, que le roi ne me donnera
pas un pareil ordre.

— Mais enfin s'il vous le donnait?

— J'aurais le regret de lui offrir ma démission.

— Tu l'entends, Emma! dit la reine en se tournant de mon côté. Juge des autres par lui : voilà
comme ils nous sont dévoués !

Puis, à Caracciolo :

— C'est bien, monsieur ; j'ai su de vous tout ce que je voulais savoir ; je ne vous retiens plus.

Caracciolo s'inclina et sortit.

— Tout s'explique maintenant, continua la reine. La flotte a subi des avaries et elle vient se réparer à Naples. Pourquoi pas? Naples, comme l'a dit le *citoyen* Caracciolo, — elle appuya sur le mot *citoyen*, — Naples n'est-elle pas l'alliée de cette république française qui vient de déclarer la guerre aux rois, et qui va couper la tête à mon beau-frère?

Je restais muette.

— Eh bien, demanda la reine, tu ne me réponds pas? tu n'as rien à me dire?...

— Je craindrais de blesser la reine en lui disant mon opinion franchement.

— Me blesser, toi? Tu es folle! En quoi pourrais-tu me blesser, toi?

— Mais en me rangeant à l'opinion de cet homme.

— De quel homme?

— Du prince Caracciolo, et Dieu sait que ce n'est point par entraînement vers lui.

— Alors, tu trouves que ces Français ont raison de nous mettre le pied sur la tête?

— Je trouve, madame, que l'on a eu tort de traiter avec eux.

— Et que, maintenant que l'on a traité, nous

devons subir les conséquences de notre parole enga-
gée. Tu as peut-être raison. Nous consulterons sir
William là-dessus.

Pendant ce temps, la flotte française était entrée
dans le port, comme on entre dans un port ami, et
y avait jeté l'ancre.

Une heure après, nous apprîmes que tout ce
qu'avait prévu le capitaine Caracciolo était arrivé.
A peine en mer, la flotte française avait été battue
par une effroyable tempête : sept bâtiments sur
onze avaient souffert de graves avaries et l'amiral
de Latouche-Treville, son traité à la main, traité
qui lui assurait les avantages accordés aux nations
les plus favorisées, venait demander à réparer ses
vaisseaux endommagés, à renouveler sa provision
d'eau douce et à communiquer avec le port pour
acheter des vivres, des cordages et des toiles.

Toutes ces demandes lui furent accordées.

Il y a plus : dans la hâte qu'avait le gouvernement napolitain d'éloigner ces hôtes dangereux, on
s'empressa de fournir à l'amiral des ouvriers, des
matériaux, des vivres, et, par un conduit provisoire.
on amena jusqu'à la pointe du môle les eaux de Car-
mignano, les plus limpides et les plus saines de
Naples.

Quant à la reine, pour ne pas avoir sans cesse

sous les yeux ces uniformes odieux et ces bannières détestées, elle se retira à Caserte, quoiqu'on fût au plus fort de l'hiver, c'est-à-dire au mois de janvier, et elle m'emmena avec elle.

LVII

Pendant que nous étions à Caserte, toutes les prévisions de la reine se réalisaient à Naples. — Soit que Latouche-Tréville eût véritablement besoin de réparer ses vaisseaux, soit que cette réparation ne fût autre chose qu'une feinte et qu'il suivît les instructions secrètes de la République, qui étaient de pousser dans la voie de la Révolution, tous les peuples avec lesquels la France se mettait en contact, l'amiral utilisait sa présence dans la capitale du royaume des Deux-Siciles, en engageant les patriotes napolitains à s'organiser en société secrète et à préparer pour l'Italie méridionale le triomphe des principes qui régnaient alors sur la France. Chaque jour, ses officiers — et l'on sait que les officiers de la marine française sont, en général, des hommes distingués et instruits, — chaque jour, ses officiers descendaient à terre, se répandaient dans la population, y faisaient des prosélytes et jetaient dans toutes ces jeunes têtes la semence des révolutions, qui, quelques années plus tard, allaient faire couler tant de sang! La veille du jour où la flotte devait lever l'ancre, il y eut un grand dîner offert par les jeunes gens aux officiers de la flotte; on y chanta des chants révolutionnaires, et, au milieu de ces chants, *la Marseillaise*, qui venait d'être composée par Rouget de Lisle, et qui, en éclatant le 10 août, avait fait une si terrible immortalité à son auteur. On avait arboré le bonnet rouge, et l'on avait juré d'avoir aussi à Naples une cocarde aux trois couleurs, que l'on substituerait à la cocarde blanche des Bourbons. De plus, tous ceux qui avaient assisté à ce repas avaient adopté la mode française, inaugurée par Talma dans la tragédie de *Titus*. Ils avaient fait couper leurs cheveux, renié la poudre et baptisé du nom de *caudini*, c'est-à-dire de porteurs de queue, ceux qui persistaient dans leur fidélité à l'ancienne mode. Pendant tout ce temps, la reine, sans me faire aucune confidence, m'avait paru préoccupée de quelque œuvre sombre; souvent, tandis que nous étions ensemble, on venait lui parler bas et lui dire qu'on la demandait; elle se levait aussitôt sans interroger et comme si elle eût connu d'avance la cause de ce dérangement; puis, un quart d'heure, une demi-heure, une heure après, elle revenait, me serrait la main en me disant :

— Tout va bien !

Un jour que la reine était dans une de ces conférences secrètes, je descendis au jardin, et j'y vis un homme vêtu de noir, qui m'était inconnu.

Sans savoir que cet homme acquerrait plus tard une terrible réputation, je ne pus m'empêcher de le remarquer.

Il était plutôt grand que petit, portait la tête inclinée sur la poitrine, quoique son regard sombre et concentré se fixât devant lui à hauteur d'homme; mais ce regard, on le comprenait, devait souvent regarder sans voir. Le visage était couleur de cendre, l'allure était irrégulière comme celle des animaux féroces ou inquiets, tantôt lente et tantôt rapide. Il passa près de moi, et cependant ne parut pas me voir; il se parlait à lui-même, et j'entendis ces mots, qui s'échappaient de sa bouche, comme brisés entre ses dents :

— La torture! il me faut la torture! Sans la torture, que veut-on que je fasse? Ils n'avoueront jamais !

Cet homme me fit peur.

Je le suivis des yeux; on le vint chercher de la part de la reine.

Je m'assis sur un banc; mes jambes tremblaient.

Bientôt je vis apparaître la reine à la porte du jardin; elle regarda autour d'elle, elle me cherchait. Je me levai et j'allai au-devant d'elle.

— Bon Dieu! chère reine, lui demandai-je, quel est cet homme que j'ai rencontré dans le jardin et qui mâchait de si tristes paroles?

— Lequel? demanda la reine.

— Celui que Votre Majesté a envoyé chercher.

— Ah! dit la reine en riant, tu l'as vu?... C'est mon limier. Je suis, comme le roi, prise de la passion de la chasse; je veux, comme lui, avoir ma meute, et, d'ici à peu, nous pourrons courre le jacobin : c'est un animal fort dangereux, mais seulement quand on lui laisse prendre ses avantages sur le chasseur.

— Mais enfin, madame, cet homme...?

— Eh bien, cet homme?

— Cet homme est donc le bourreau?

— Pas tout à fait; mais ce sera son pourvoyeur, je l'espère bien.

Puis, étendant le bras du côté de la France :

— Oh! ma sœur, ma pauvre sœur, s'écria-t-elle, ils te tiennent, toi! mais je les tiens, eux! et sois tranquille, puisque tous les hommes sont frères, les frères de Naples payeront pour les frères de Paris.

Je restai muette. Je comprenais la haine de la reine pour la Révolution; mais tant d'énergie m'effrayait dans une femme. Il est vrai que cette femme était la fille *du roi* Marie-Thérèse.

Je marchais silencieuse, appuyée au bras de la reine; ce bras, roidi par une crispation nerveuse, me paraissait avoir la force d'un bras d'homme.

— Que veux-tu, ma pauvre Emma! me dit Caroline après un moment pendant lequel elle avait marché d'un pas ferme et rapide, il faut en prendre ton parti : tu as cru venir dans un pays de délices; tu avais entendu dire que l'air de Pæstum était si doux, que les rosiers y fleurissaient deux fois l'an; que l'air de Sorrente était si embaumé, qu'on reconnaissait une Sorrentine au parfum qui s'échappait de ses cheveux; tu croyais que la vie s'écoulait ici comme dans l'ancienne Sybaris, au milieu des festins et des fêtes, qu'on y dormait sur des lits de mousse, qu'on y marchait sur des tapis de fleurs. On avait oublié de te dire qu'il y avait au milieu de tout cela une montagne qui portait l'enfer dans ses entrailles, qui semblait sourire comme tout le reste de la création, et qui tout à coup, secouant les maisons comme des châteaux de cartes, couvrait Herculanum de laves, Pompéi de cendres, et faisait reculer la mer épouvantée de la plage de Regina au rocher de Capri; on avait oublié de te dire cela: mais, moi, je te le dis.

Je la regardai, presque épouvantée.

— Nous commençons une lutte terrible où nous pouvons être vaincus, quoique nous ayons quatre-vingt-dix chances sur cent d'être vainqueurs; mais il faudra combattre, et le combat sera rude. Fille des fraîches prairies et des gazons verts, te sens-tu trop faible pour monter sur mon char de bataille? Alors, abandonne ta reine, retourne dans ton pays de Galles, et remonte à ton berceau, comme un ruisseau transparent qui, de peur de se mêler aux flots troublés de la mer, remonte vers sa source.

— Oh! non! non! m'écriai-je en lui jetant mes deux bras au cou; je vous aime trop pour vous abandonner au moment où vous dites vous-même que vous courez un danger. Je suis faible; mais vous êtes forte, forte pour vous et pour moi; vous me soutiendrez si je faiblis, vous me releverez si je tombe. Je ne suis pas entrée assez avant dans les secrets de la politique pour savoir qui a raison dans cette grande lutte des peuples contre les rois; mais, si vous avez tort, ma chère reine, je veux avoir tort avec vous, et, si le Vésuve ou la Révolution éclate sur Naples, je veux être brûlée par la

même lave et étouffée par la même cendre que
vous.

La reine m'enveloppa de son bras et me serra
contre son cœur.

— A la bonne heure! dit-elle. Il me semblait,
depuis quelque temps, t'avoir à moitié perdue; mais
voilà que je te retrouve. Je m'attristais déja de me
sentir seule. Oh! je n'aurai pas de secrets pour toi.
Oui, je fais une œuvre sombre; comme les Euméni-
des, je tresse des serpents dans les ténèbres. Avec de
l'or et des titres, ici l'on fait tout ce qu'on veut. Cet
homme que tu as vu, et qui t'a si fort effrayée, c'est
une de mes vipères : il s'appelle Vanni. Les deux
autres s'appellent Guidobaldi et Castelcicala. Le dernier est prince; il était notre ambassadeur à Londres. Je lui ai proposé de revenir pour être le chef
de mes espions, le président de ma junte d'État;
il a accepté. Oh! je donnerai de telles récompenses
aux dénonciateurs, que je ferai, comme dans l'ancienne Rome, de la dénonciation un état honorable,
ou sinon honorable, envié du moins.

— Alors, repris-je, je m'explique pourquoi ce
Vanni parlait de tortures et disait que sans la torture ils n'avoueraient pas.

— Oui, la torture est son idée fixe, et, à son point
de vue, il a raison. Il a de l'ambition, cet homme.

Quand les autres se contentent de dire : *Notre roi*, lui dit : *Mon roi*, comme si le roi était à lui tout seul, et comme si lui tout seul avait charge de le garder. Or, les dénoncés ne manqueront pas, les prévenus ne manqueront pas ; mais les coupables manqueront peut-être, car, pour certains esprits obstinés, il n'y a de coupables reconnus que ceux qui avouent leur crime ; et ici personne n'avoue. Eh bien, Vanni prétend qu'à l'aide de certains procédés inventés par lui, pourvu qu'on l'autorise à mettre ces procédés en pratique, il fera parler des pierres. Moi, je lui ai dit que, pour mon compte, je ne m'y opposais nullement, et que la vérité était chose si précieuse, que tous les moyens étaient bons pour y arriver. Maintenant, il y a une difficulté : il paraît que ce n'est pas tout à fait dans les lois. Les jacobins non plus ne sont pas dans les lois ; le jacobinisme n'est pas un crime prévu. On ne pouvait donc pas faire une loi contre lui, et, puisqu'il est en dehors de la loi, on peut se servir, pour le réprimer, de moyens en dehors de la loi. Tu comprends que je ne suis pas assez habile jurisconsulte pour savoir tout cela ; c'est ma vipère, c'est mon Vanni qui m'a sifflé cet argument. Il a cité Cicéron étranglant Lentulus et Céthégus, malgré la loi qui défendait d'attenter aux jours des citoyens romains. C'est un homme très-savant

que maître Vanni. Je le ferai marquis et chevalier
de l'ordre de Saint-Georges Constantinien.

Je regardais la reine avec un étonnement qui, je
l'avoue, n'était pas exempt d'une certaine terreur.

Elle s'aperçut de l'impression qu'elle produisait
sur moi.

— Oui, dit-elle, je comprends, tu trouves qu'il y
a une différence entre la Caroline d'aujourd'hui et
celle des premiers jours ; celle-là mettait sa fantaisie
à s'habiller de la même robe, à se coiffer de la
même plume, à s'envelopper du même châle que
toi ; toute son ambition était d'être trouvée belle,
même à côté de toi ; celle-là connaissait la douleur,
mais pas encore la haine ; si elle s'enfermait seule
avec toi, c'était pour chercher les étincelles d'un
bonheur passé dans les cendres de son amour,
c'était pour te dire : « J'ai aimé et je n'aimerai
plus ; » c'était pour te dire : « Moi aussi, quoique
reine, j'ai eu un cœur. » La Caroline d'aujourd'hui
n'a plus le temps de songer au passé ; il lui faut
combattre pour l'avenir. Qu'est-ce qu'un amant
exilé en Sicile, près d'une sœur emprisonnée en
France, et d'un frère ayant un pied sur les marches
de l'échafaud ? Il s'agit bien de bonheur ! il s'agit
bien de poésie ! il s'agit bien d'amour ! Il s'agit de
la vie ! Il n'y a pas d'animal, depuis l'aigle jusqu'à

la colombe, qui ne défende son aire et qui ne combatte pour ses petits. Tuer qui veut nous tuer n'est pas de la vengeance, c'est l'instinct de la conservation. Si, nous aussi, nous avons des Vergniaud, des Pétion et des Robespierre, nous n'attendrons pas qu'ils fassent un 20 juin et un 10 août; nous leur ferons une Saint-Barthélemy. Les Valois ont appris aux Bourbons que mieux vaut tirer du Louvre dans la rue, que laisser tirer de la rue dans le Louvre. — Qu'ils m'appellent *madame Véto*, qu'ils m'appellent *madame Déficit*, qu'ils m'appellent comme ils voudront; mais ils ne m'appelleront ni Jane Grey ni Marie Stuart.

— Dieu nous garde d'un pareil malheur! dit une voix à deux pas de nous.

Nous nous retournâmes vivement, la reine et moi, et nous nous trouvâmes en face d'un homme, qu'à certaines parties de son costume, plutôt religieux que laïque, il était facile de reconnaître pour un dignitaire de l'Église.

Je vis, au regard de la reine, qu'elle ne connaissait pas l'étranger qui avait la double hardiesse et de nous surprendre et de se mêler à la conversation.

Mais, moi, je le reconnus et je m'écriai :

— Monseigneur Fabrizzio Ruffo!

— Puisque lady Hamilton veut bien me faire la grâce de me reconnaître, voudra-t-elle y ajouter celle de me présenter à la reine, près de laquelle je viens, au reste, de la part du roi?

Je consultai la reine des yeux; en m'entendant nommer le favori du pape Pie VI, avec lequel la cour de Naples, je l'ai dit, était au mieux, sa figure avait pris une expression de bienveillance qui me permettait d'entrer dans les désirs du noble prélat.

— Madame, dis-je, souffrez que, sur le désir qu'il vient d'exprimer, j'aie l'honneur de présenter à Votre Majesté monseigneur Fabrizzio Ruffo, trésorier de Sa Sainteté.

— Madame, dit le prélat en s'inclinant, tout en remerciant lady Hamilton de son obligeance, permettez-moi de rectifier deux petites erreurs qu'elle a faites et qu'elle devait faire. Je ne suis plus trésorier et je suis cardinal.

— Je vous en fais mon compliment, monsieur, dit la reine. Mais Votre Éminence ne m'a-t-elle pas dit qu'elle venait de la part du roi?

— Je l'ai dit, madame, et Sa Majesté fût même venue avec moi à Caserte sans une chasse au sanglier, dans les bois du lac Fusaro, chasse qu'il lui était impossible de remettre.

— Je reconnais là mon auguste époux, dit la

reine en souriant. Mais vous n'en serez pas moins le bienvenu, surtout si vous m'apportez une bonne nouvelle.

— Je vous en apporte au moins une grande, madame : une nouvelle qui pourra bien avoir les plus graves conséquences. L'ambassadeur de la république française à Rome, le citoyen Basseville, vient d'être assassiné dans une émeute populaire.

La reine tressaillit.

— C'est, en effet, une grande nouvelle que vous m'annoncez là ! Et comment la chose s'est-elle passée ?

— Votre Majesté sait qu'en amenant l'ambassadeur près la cour de Naples, le citoyen Mackau, l'amiral français avait en même temps à son bord l'ambassadeur près la cour de Rome, le citoyen Basseville ?

Le cardinal appuya sur ce mot *citoyen* deux fois répété, de façon que, grâce à l'accent avec lequel il était prononcé, il n'eut rien de désagréable à l'oreille de la reine.

Elle laissa donc passer cette première phrase sans autre expression de visage qu'un sourire dédaigneux, et en faisant signe qu'elle écoutait.

Le cardinal continua.

— La nouvelle avait fait grand bruit et s'était répandue dans nos campagnes. Je n'ai pas besoin

de vous dire, madame, sous quel jour nos dignes
prêtres peignent la république française à leurs
ouailles des villages et des villes; pactiser avec elle,
c'est pactiser avec l'enfer. A cette nouvelle annoncée
dans les chaires, la populace de Rome, les barbares
du Transtevère, les sauvages de la Sabine, les bou-
viers des marais, aveugles et féroces comme leurs
buffles, s'étaient réunis sur le chemin que l'ambassadeur devait parcourir. Pendant trois jours, on
attendit. Tous les soirs, les prêtres répétaient dans
les confessionnaux, aux femmes éperdues, que cet
ambassadeur français venait dans la ville sainte
lever le drapeau de Satan. Les femmes brûlaient
des cierges, priaient et hurlaient; les hommes grin-
çaient des dents et repassaient leurs couteaux.

— Brave peuple ! murmura la reine.

— Enfin, avant-hier 13 janvier, de grands cris
annoncèrent l'approche de la voiture; tout le peuple se précipita du côté où elle arrivait. L'ambassadeur était en grand costume républicain; habit bleu,
ceinture tricolore nouée sur l'habit, chapeau à trois
cornes au front, panache tricolore au chapeau;
deux de ses amis, vêtus du même costume à peu
près, étaient dans la même voiture. A cette vue,
les cris éclatèrent. Les trois voyageurs semblaient
sourds ou indifférents et continuaient leur chemin;

les roues et les chevaux de leur voiture avaient disparu : on eût dit une barque fendant des vagues
humaines. Ils abordent ainsi au palais du cardinal
Zelada, entrent chez lui et le somment de reconnaître leurs pouvoirs. Le cardinal, qui avait des
instructions positives de Sa Sainteté, refuse et déclare que, pour la cour de Rome, la république
française n'existe pas et n'existera jamais. L'ambassadeur salue le cardinal, remonte en voiture, et,
soit pour soutenir l'honneur de la France, soit pour
faire appel aux patriotes italiens, plante un drapeau
tricolore à côté du cocher. A cette vue, comme le
comprend Votre Majesté, les cris du peuple redou-
blent, et les pierres commencent à pleuvoir sur l'ambassadeur et ses amis. Le cocher, effrayé, lance ses
chevaux au galop et pousse la voiture dans la cour
d'un banquier français. Par malheur ou par bonheur,
selon le point de vue duquel on envisage les choses,
le temps manque pour refermer la porte derrière la
voiture ; le peuple se précipite, et, ma foi, dans la
bagarre, on ne sait pas comment cela s'est fait, Son
Excellence le citoyen Basseville a eu le ventre ou-
vert d'un coup de rasoir.

— Et connait-on l'assassin? demanda vivement
la reine.

— Oui et non, répondit monseigneur Ruffo. Sa

Sainteté le connaît; mais le gouvernement de Sa Sainteté ne le connaîtra pas. Or, le pape, déjà compromis par la guerre de la Vendée, prêchée par ses émissaires, est encore plus compromis par la mort de l'ambassadeur français; il aura beau faire comme feu Pilate, se laver les mains du sang de Basseville, il en restera toujours quelque trace au bout de ses doigts. Donc, la mort de Basseville, c'est la guerre contre la France. Je viens, au nom de Sa Sainteté, demander au roi Ferdinand s'il est en état de la soutenir, et, dans ce cas, toujours de la part de Sa Sainteté, mettre à la disposition du champion de l'Église, le peu de talents dont la nature et l'éducation m'ont doué à cet endroit.

La reine sourit.

— Alors, Votre Éminence appartient, si je l'en crois, à l'Église militante?

— Eh! croyez-le, madame! je suis de la race des la Valette et des Richelieu. Au moyen âge, j'eusse porté·la cuirasse et l'épée, et fait la guerre aux Turcs ou aux huguenots. Aujourd'hui, je suis tout prêt à faire la guerre aux Français, qui sont des païens d'une bien pire espèce!

— Eh bien, monsieur le cardinal, dit la reine, nous tâcherons de vous donner de la besogne. Malheureusement, la chose ne dépend pas de moi seule!

— Je le sais, reprit Ruffo ; mais, ajouta-t-il en me regardant, si madame veut s'en mêler...

— Moi, monsieur le cardinal? Et que voulez-vous que j'y fasse, bon Dieu?

— Eh! madame, Périclès a fait la guerre de Samos, celles de Mégare et du Péloponèse d'après les conseils et sous l'influence d'Aspasie... Aspasie n'était pas plus belle que vous, et Périclès n'avait pas plus d'influence sur les affaires de la Grèce que sir William Hamilton, par son frère de lait le roi George, n'en a sur les affaires d'Angleterre. Que l'Angleterre déclare la guerre à la France, et nous sommes sauvés !

— Tu l'entends? me dit la reine. Le cardinal parle au nom de notre saint-père le pape, et notre saint-père le pape est infaillible.

— Eh bien, soit, ma chère reine! répondis-je; je ferai de mon mieux. Eh! voilà justement Périclès qui vient se mettre à notre disposition !

En effet, sir William s'avançait de notre côté. Comme il était l'heure du dîner, nous rentrâmes au château. Sa Majesté invita sir William à dîner, retint le cardinal, et, tout en dînant, nous fîmes les projets les plus belliqueux du monde.

Quand je pense aujourd'hui que je pesai, ne fût-ce que du poids d'un grain de sable, dans le plateau que ce poids fit pencher du côté d'une guerre qui dura vingt ans, et qui n'est peut-être point encore éteinte, je m'effraye de la responsabilité qu'un grain de sable peut avoir devant Dieu!

LVIII

Le cardinal avait raison; le meurtre de Basseville eut un immense retentissement en France. La Convention décréta qu'une éclatante vengeance serait tirée de ce meurtre, et que la patrie adoptait le fils de la victime.

Mais ce bruit s'éteignit bientôt dans le bruit d'une catastrophe bien autrement terrible! Le 27 janvier, on apprit à Naples que Louis XVI avait été condamné à mort; le 1er février, on apprit qu'il avait été exécuté.

Au moment même où la nouvelle en arriva à Londres, Pitt signifia au ministre de France qu'il eût à quitter l'Angleterre dans les vingt-quatre heures. Pressé par moi, — et je dois dire qu'il n'avait pas besoin de cet aiguillon, — sir William avait écrit directement trois ou quatre lettres au roi George, et

celui-ci lui avait répondu un petit billet de son
écriture, dans lequel il était dit que l'Angleterre,
voulant mettre les torts du côté de la France, atten-
drait que les Français eussent exécuté le roi, mais
que, le roi exécuté, à l'instant même on romprait
avec la République.

Nous.reçûmes à Naples les deux lettres en même
temps : celle qui annonçait l'exécution de Louis XVI
le 21 janvier, et celle qui annonçait le renvoi de
Londres de l'ambassadeur de France.

Quoiqu'on s'attendît à cette mort, ce fut un coup
terrible pour la reine. La lettre de l'ambassadeur
était sur papier de deuil, et cachetée de noir. En
apercevant la lettre, Caroline comprit tout; elle jeta
un cri et s'évanouit en disant :

— Ils l'ont tué !

A l'instant même, les ordres furent donnés pour
que toutes les fêtes du carnaval cessassent, pour que
la cour et toutes les autorités prissent le deuil, et
pour que les prières des morts fussent dites dans
toutes les églises.

Castelcicala, Guidobaldi, Vanni surent qu'ils pouvaient commencer l'œuvre pour laquelle ils avaient
été appelés.

Des arrestations furent faites, et, quand le nombre
des jacobins incarcérés ne fut pas moindre de trois

cents, alors seulement la reine se reprit à sourire.

Puis, en restant l'allié de la France, le gouvernement napolitain prépara la guerre ; l'armée de terre fut portée au chiffre de 36,000 hommes, et l'armée navale à celui de cent deux bâtiments de toute sorte de grandeurs.

Le cardinal Ruffo avait, dans toutes les circonstances, voulu prendre une importance militaire ou politique que lui faisait sans doute désirer la conscience de son mérite, et à laquelle lui donnaient droit non-seulement la recommandation du souverain pontife, mais encore des études faites dans l'art de l'artillerie, — études qui consistaient, je crois, dans l'invention d'une nouvelle manière de chauffer les boulets ; — mais, soit que le ministre Acton ne partageât point la confiance que le cardinal avait en son propre mérite, soit qu'au contraire il craignît pour sa fortune l'influence d'un homme supérieur, soit enfin que la reine, éprouvant une certaine répulsion pour le cardinal, eût neutralisé les bonnes intentions du roi, qui l'avait pris franchement sous sa protection, — deux ou trois mois se passèrent sans que le cardinal Ruffo obtînt aucune position officielle à la cour.

Marie-Caroline était loin de se douter, à cette époque, du service que lui rendrait, six années après, comme soldat, le même cardinal qu'elle éloignait aujourd'hui des choses militaires !

Mais le roi, qui, tout au contaire, avait, comme je l'ai dit, une grande sympathie pour Son Éminence, voulut enfin lui donner une preuve de cette sympathie ; seulement, comme il mêlait assez volontiers la raillerie à l'obligeance, il lui assigna le poste qui assurément convenait le moins à un homme d'Église : il le nomma inspecteur de sa colonie de San-Leucio.

Je voudrais bien entrer ici dans quelques détails sur cette colonie de San-Leucio, dont j'ai donné seulement une idée sommaire dans un précédent chapitre de ces Mémoires.

La chose est assez difficile à dire, mais n'importe ! J'ai déjà dit tant de choses difficiles, et il m'en reste encore tant à dire, que l'hésitation même serait ridicule. D'ailleurs, je laisserai parler le roi Ferdinand lui-même, et l'on décidera quel sentiment, de la bonhomie, de l'hypocrisie ou du cynisme, le porta à rendre compte de sa création de la colonie de San-Leucio, harem villageois où il était non moins sultan que le Grand Turc dans le sien. Je copie sur le manuscrit original du roi, que, dans un de ses jours de gaieté ou de mépris, me communiqua la reine Caroline, et qui était intitulé : *Origine et progrès de la population de San-Leucio.*

« Un de mes plus vifs désirs, dit Ferdinand dans cet écrit, ayant toujours été de trouver un lieu agréable et éloigné du bruit de la cour, où je puisse employer avec profit le peu d'heures de loisir que me laissent les graves affaires de mon royaume; les délices de Caserte, et la magnifique habitation commencée par mon père et achevée par moi ne présentant point le silence et la solitude nécessaires aux méditations et au repos de l'esprit, mais formant, pour ainsi dire, une seconde capitale au milieu de la campagne, avec les mêmes idées de luxe et de magnificence qui m'assiégent à Naples, — je pensai à me choisir, dans le parc même du château de Caserte, un lieu plus retiré, qui devînt presque une Thébaïde, et, dans ce but, je m'arrêtai au site de San-Leucio. »

Vous allez voir de quelle façon le roi Ferdinand entendait la méditation et le repos de l'esprit.

« En conséquence, ayant fait, en 1773, murer le bois, dans l'enceinte duquel étaient la vigne et l'ancien casino des princes de Caserte appelé le *Belvédère*, je fis, sur une éminence, construire un petit pavillon pour ma simple commodité chaque fois que j'allais à la chasse. Je fis, en outre, raccommoder tant bien que mal une vieille maison à moitié détruite, et j'en fis construire quelques nouvelles; je colloquai cinq

ou six individus commis à la garde du bois et chargés de veiller sur le susdit pavillon, sur les vignes,
sur les plantations et sur les territoires qui se trou-
vaient compris dans l'enclos. En 1776, le salon de
l'ancien casino fut changé en église, et cette église
érigée en paroisse pour le besoin des habitants, qui
s'accroissaient tous les jours, et qui atteignirent
bientôt le nombre de dix-sept familles. Il fut donc
nécessaire d'augmenter les habitations en raison du
nombre des habitants. »

Le roi continue :

« Lorsque le pavillon fut agrandi, je commençai à
aller y demeurer et à y passer l'hiver; mais, ayant
eu le malheur de perdre mon premier enfant, et pour
cette raison n'y allant plus qu'à la passade, je résolus
de faire de cette habitation un plus utile usage. Les
habitants dont j'ai parlé, avec quatorze autres familles qui s'étaient jointes à eux, ayant atteint le
chiffre de cent trente-quatre, grâce à la favorable
prolification produite par la pureté de l'air et par la
tranquillité et la paix domestique dans lesquelles ils
vivaient, je craignis que tant de bambins et de bam-
bines, qui s'augmentaient tous les jours, ne formas-
sent dans l'avenir, par le manque d'éducation, une
dangereuse société de débauchés et de malvivants,
et je pensai à établir une maison d'éducation pour

les enfants de l'un et de l'autre sexe, me servant,
pour les réunir, de mon pavillon de chasse. Je commençai donc à poser les règles et à rechercher les
personnes habiles et propres à tenir les emplois nécessaires à mon but.

» Après avoir mis à peu près tout en ordre, je ré-
fléchis que toutes les peines que j'allais me donner,
toutes les dépenses que j'allais faire, seraient malheureusement inutiles, puisque ces jeunes gens, au
moment où leurs études seraient terminées, ou res-
teraient à ne rien faire, ou, voulant s'appliquer à un
métier quelconque, devraient quitter la colonie
pour chercher leur vie ailleurs, mon service n'en
pouvant occuper que quelques-uns; et, dans ce cas,
je songeai combien les séparations étaient doulou-
reuses pour les familles respectives, et combien
j'éprouverais moi-même de chagrin en me voyant
privé de toute cette belle jeunesse, que j'avais toujours regardée comme mes propres enfants, et que
j'avais fait croître avec tant de peine! Je me tournai
donc vers un autre but; je pensai à régir cette
colonie qui, sans cesse accrue, pouvait devenir utile
à l'État, aux familles et à chaque individu en particulier, de manière à rendre tous ces pauvres gens
tranquilles et heureux, à les faire vivre dans la
sainte terreur de Dieu et dans une parfaite harmo-

nie. Jusque-là, ils ne m'avaient pas donné un seul
motif de plainte ; mais, au contraire, il m'avaient
fait jouir, au milieu d'eux, de cette suprême satisfaction tant enviée aux heures où les affaires publiques conspiraient contre mon repos. »

Comme on le voit, le roi Ferdinand avait enfin
trouvé « ce silence et cette solitude si nécessaires à
la méditation et au calme de l'esprit. »

Étant parvenu à ce but inespéré, le roi Ferdinand,
dans sa reconnaissance pour cette belle jeunesse
qui réjouissait son âme, résolut de donner à sa colonie si prospère, et qui promettait de le devenir davantage encore, des lois qui rappelassent celles que
Saturne et Rhée avaient données à leurs peuples
dans l'âge d'or.

En conséquence, il commença par abolir les droits
tyranniques des parents sur les enfants, droits qui
empêchent si souvent ceux-ci de suivre les inspira-
tions de leur cœur et les instincts de la nature.

Les enfants furent donc libres de se choisir et de
s'épouser, sans que les parents eussent rien à voir
dans cette grave affaire du mariage, dont ils ne se mê-
lent le plus souvent que pour tout gâter. Le jour de la
Pentecôte de chaque année, en sortant de la grand'-
messe, les jeunes gens devaient montrer à tout le
village le choix qu'ils avaient fait : le jeune homme,

sous le porche de l'église, offrait, ni plus ni moins qu'un berger de Watteau ou de Boucher, un bouquet de roses roses à la jeune fille qu'il aimait; si celle à qui le bouquet était offert payait le jeune homme de retour, elle lui rendait un bouquet de roses blanches, et tout était dit; les deux amants étaient fiancés à partir de ce jour et mariés le dimanche suivant.

Dans l'intervalle, le roi les faisait venir chez lui, séparément bien entendu; il leur faisait un discours sur leurs devoirs conjugaux, et, comme il s'était réservé de doter les nouveaux époux, selon que la jeune fille avait écouté le discours du roi avec plus ou moins de componction, la dot augmentait ou diminuait. On comprend dès lors toute l'attention que prêtait la fiancée à un discours si important! Au reste, pas de juges, pas de tribunaux. Quand quelque procès surgissait entre les individus, trois vieillards, élus par la colonie, rendaient leur jugement, comme saint Louis, sous un chêne.

Pour éviter les folies où le luxe entraîne même les paysannes, toutes les jeunes filles de la colonie portaient le même costume, simple mais élégant; le roi l'avait fait dessiner par son peintre ordinaire, et, à part les distinctions introduites par Ferdinand lui-même en faveur des bonnes travailleuses, personne n'y pouvait rien changer.

En outre, la conscription était abolie.

On le voit, pour arriver à un si heureux résultat, le roi Ferdinand avait dû réunir la sagesse du roi Salomon à la science sociale d'Idoménée.

Eh bien, ne sachant que faire du cardinal Ruffo, le royal fondateur de la colonie de San-Leucio le mit à la tête de cet établissement.

Peut-être n'était-ce point la place d'un cardinal; mais les hommes d'esprit ne sont, dit-on, déplacés nulle part, et le cardinal Ruffo était un homme d'infiniment d'esprit.

Quant à la reine, qui avait non moins d'esprit que le cardinal Ruffo, elle voyait avec une grande satisfaction l'établissement de San-Leucio prospérer, s'agrandir et se peupler. Si le roi avait étudié Salomon et Idoménée, elle avait étudié, elle, madame de Pompadour, et elle régnait tandis que le roi s'amusait.

Il est vrai que ce n'était pas chose gaie que de régner en l'an de grâce 1793.

Nous allons bien le voir en revenant aux affaires d'État.

LIX

J'ai dit que, le jour même où l'on avait appris à Londres l'exécution de Louis XVI, le gouvernement anglais avait invité l'ambassadeur de France à prendre ses passe-ports.

C'était une insulte que, dans son orgueil, la France ne pouvait supporter. De même qu'elle avait la première déclaré la guerre à l'Autriche, la première aussi, neuf jours après le renvoi de son ambassadeur, elle déclara la guerre à l'Angleterre et à la Hollande.

L'Angleterre n'attendait que cette mise en demeure. J'entendis alors sir William et la reine énumérer les forces des deux puissances, et constater avec joie la supériorité des forces matérielles de la Grande-Bretagne sur celles de la France.

La France était sans argent, sans armes, presque sans armée ; toutes ses forces navales consistaient en soixante-six vaisseaux de ligne et quatre-vingt-seize frégates ou corvettes.

L'Angleterre était financièrement dans un état si

prospère, que M. Pitt disait que, si par impossible il avait assez d'argent pour rembourser la dette, au lieu de la rembourser, il jetterait cet argent dans la Tamise.

Quant à ses forces navales, elles étaient de cent cinquante-huit vaisseaux de ligne, de vingt-deux vaisseaux de cinquante canons, de vingt-cinq frégates et de cent huit cutters.

C'est-à-dire qu'elle avait quatre fois, à peu près, le nombre des bâtiments qu'avait la France.

Joignez à cela les cent vaisseaux de guerre que possédait la Hollande, et vous verrez que les deux puissances alliées pouvaient opposer cinq cent trois bâtiments de guerre à cent soixante-deux.

Ce calcul, fait et refait dix fois devant le roi Ferdinand, donna à celui-ci le courage de se réunir à l'Angleterre, et, le 20 juillet 1793, sans qu'aucune intention de rupture eût été dénoncée à la France, le gouvernement de Naples signa un *traité secret* avec le gouvernement britannique.

Ce traité portait que le roi de Naples joindrait douze bâtiments, dont quatre vaisseaux de ligne et autant de frégates, à l'escadre que l'Angleterre enverrait dans la Méditerranée, et six mille hommes aux troupes qui monteraient cette escadre.

Le roi avait à peu près abandonné la présidence

du conseil ; c'était la reine qui assistait aux délibé-
rations et qui les pressait avec la rage de la haine.
Hommes et vaisseaux furent prêts en deux mois, et
une partie alla rejoindre la flotte anglo-espagnole
qui croisait devant Toulon.

Par un agent royaliste que la reine avait dans cette
ville, nous étions informés de tout ce qui s'y passait.
Toulon avait pris part à la grande insurrection qui
s'était formée dans le midi de la France contre la
Convention.

La ville était divisée en trois partis : les jacobins,
les royalistes constitutionnels, les royalistes purs.

Nous savions que les royalistes constitutionnels et
les royalistes purs, effrayés des exécutions qui
avaient commencé de les décimer, s'étaient réunis,
et qu'il ne s'agissait pas moins que de livrer la ville
aux Anglais.

Le 10 septembre, on signala un vaisseau anglais
faisant voile vers le port de Naples, et paraissant
venir des côtes de France.

Depuis quelques semaines, dans l'attente de
nouvelles importantes, nous nous éloignions peu de
Naples.

La reine fut donc prévenue de l'événement, et
nous fit prévenir, sir William et moi ; je dis : de
l'événement, car, dans les circonstances où nous

nous trouvions, l'arrivée d'un vaisseau anglais était un événement.

Nous accourûmes au palais. La reine était sur la terrasse, une lunette à la main, examinant le bâtiment, qui carguait peu à peu ses voiles pour diminuer sa marche et qui entrait dans le port. Par les signaux, ont savait déjà que ce bâtiment était l'*Agamemnon*, vaisseau de ligne de Sa Majesté Britannique, venant de Toulon.

Ce peu que l'on venait d'apprendre en disait tant, que le roi et sir William n'eurent point la patience d'attendre les nouvelles que le bâtiment apportait, et qu'ils allèrent au-devant d'elles.

Tous deux s'embarquèrent sur un canot de la marine royale, et, au mépris des lois sur la santé, montèrent à bord.

A peine y furent-ils, que les flancs du vaisseau éclatèrent dans une salve d'honneur, et que l'*Agamemnon* disparut dans un nuage de fumée.

Au bout d'une demi-heure, le roi et sir William revinrent à terre.

Sir William s'était rendu directement à l'hôtel de l'ambassade et me faisait dire de l'y venir rejoindre, ayant besoin de moi pour l'aider à recevoir un hôte inattendu.

Je laissai Sa Majesté donner à la reine les nouvelles dont elle était avide, et, pensant que sir William était aussi bien instruit que le roi, puisque, dans la conférence entre le roi et le capitaine de *l'Agamemnon*, il avait servi d'interprète, je pris congé de la reine et montai en voiture en ordonnant au cocher de toucher à l'hôtel.

Sir William m'attendait.

— Ma chère Emma, me dit-il en m'apercevant, je vais vous présenter un petit homme qui ne peut pas se vanter d'être beau, mais qui, à mon avis, sera un jour un des plus grands hommes de guerre que l'Angleterre ait jamais eus.

Je me mis à rire de l'enthousiasme de sir William.

— Et comment prévoyez-vous cela? lui demandai-je.

— Par le peu de paroles que nous avons échangées, et je vous réponds que celui-là étonnera le monde. Vous savez que je n'ai jamais voulu recevoir chez moi aucun officier anglais; eh bien, pour l'amour de moi, je vous prie de faire à celui-ci les honneurs de la maison. Donnez-donc vos ordres pour qu'on lui prépare un appartement et pour qu'il ne manque de rien.

— Et quand arrive votre futur grand homme, sir William? demandai-je.

— D'un moment à l'autre. Nous dînons, tous ensemble chez le roi, et demain, tous ensemble, nous allons passer la journée à Portici.

— Vous me direz au moins comment s'appelle votre héros.

— Horace Nelson, chère amie. N'oubliez pas ce nom, il sera célèbre un jour.

Je n'avais aucune observation à faire et n'en fis aucune.

L'hôtel de l'ambassade était immense. Le bruit avait couru, quelque temps auparavant, que le prince de Galles — ce même prince qu'un soir j'avais vu resplendissant de jeunesse et d'amour à travers les fenêtres ouvertes de miss Arabell — devait venir à Naples ; à cette nouvelle, sir William s'était empressé de lui faire préparer un appartement. Le prince n'était pas venu, l'appartement était resté tout prêt à recevoir un prince ; je pensai que rien n'était ni trop bon ni trop beau pour le futur grand homme de sir William ; je destinai au capitaine Nelson l'appartement du prince de Galles.

Le hasard voulut que l'un des plus beaux portraits que Rowmney avait faits de moi se trouvât dans cet appartement.

Lorsque je rentrai au salon, sir William n'était

plus seul : il était avec un officier portant l'uniforme de la marine anglaise.

A ma vue, tous deux se levèrent et s'avancèrent vers moi. Sir William me présenta le capitaine Nelson.

S'il était permis de croire aux pressentiments, je constaterais ici que, soit attraction instinctive, soit puissance de la préoccupation à la suite de ce que m'avait dit sir William, j'éprouvai une certaine émotion en répondant au salut du capitaine Nelson. Comme l'avait dit sir William, le capitaine Nelson était cependant loin d'être un bel homme.

Dix-huit ans se sont écoulés depuis cette époque, et, cependant, je le vois exactement tel qu'il était le jour où il me fut présenté, et où la guerre lui avait épargné les mutilations qu'il subit depuis.

C'était un homme de trente-cinq ans, petit de taille, pâle de visage, avec des yeux bleus, ce nez aquilin qui distingue le profil des hommes de guerre, et ce menton vigoureusement dessiné qui indique la ténacité portée jusqu'à l'obstination; les cheveux et la barbe étaient d'un blond fauve; les cheveux étaient rares; la barbe était mal plantée.

Il me baisa la main assez gauchement, mais assez galamment. Il était facile de reconnaître en lui l'homme de mer dans toute l'acception du mot, et

l'on y eût vainement cherché le gentleman anglais
dont mes premières connaissances m'avaient laissé
le souvenir.

On sait déjà la nouvelle qu'il apportait; cette nouvelle était terrible pour la France : son premier port
militaire avait été livré aux Anglais.

Voici en deux mots les détails de l'événement,
recueillis de la bouche même du capitaine Nelson.

J'ai dit ce que nous savions des trois différents
partis existant à Toulon : jacobins, royalistes constitutionnels, royalistes purs.

Les deux derniers, réunis contre les jacobins,
n'attendaient qu'une occasion favorable pour entrer
en lutte avec leurs adversaires.

L'occasion se présenta bientôt. La Constitution
de 1793 avait été décrétée, et les jacobins l'avaient
fait proclamer à Toulon à son de tambour et de
trompe.

Une fermentation générale s'établit dans la ville
à la suite de cette proclamation, et les contre-révo-
lutionnaires résolurent de s'opposer à l'acceptation
de l'acte constitutionnel.

Les autorités jacobines, prévoyant ce qui allait
arriver, firent afficher un décret qui punissait de
mort quiconque oserait proposer l'ouverture des
sections. Ce décret produisit un effet contraire à ce-

lui qu'on en attendait; chacun des partis coalisés se porta en foule vers les sections, et l'empressement fut tel, que les portes en furent non pas ouvertes, mais brisées.

En un instant, la contre-révolution fut accomplie; les papiers du club des jacobins furent saisis, les principaux chefs de la Société arrêtés et conduits dans les prisons, d'où, pour leur faire place, on fit sortir les royalistes.

Il en fut de l'échafaud comme des prisons, qui, après avoir servi aux royalistes, servirent aux jacobins. L'échafaud, loin d'être abattu, continua de fonctionner, seulement, il abattit des têtes républicaines au lieu d'abattre des têtes royalistes.

Une de ces exécutions amena un grand trouble et faillit tout perdre (1).

Le nouveau tribunal condamna à mort un nommé Alexis Lambert, homme fort populaire à Toulon; une conjuration se forma pour le sauver; et, en effet, au moment où on le conduisait au supplice, un immense flot de peuple se précipita sur la force armée qui l'escortait; le cortége funèbre était arrivé dans la rue des Chaudronniers, qui devint le théâtre

---

(1) Qu'on n'oublie pas que c'est Emma Lyonna qui parle, et qui, par conséquent, parle au point de vue royaliste; nous eussions dit, nous : — *et faillit tout sauver*.

d'un combat terrible. Un des hommes de l'escorte
alors, voyant que le peuple allait triompher, déchargea à bout portant son fusil sur le prisonnier, qui
tomba dangereusement blessé, mais peut-être pas
mortellement, bien que la balle lui eût traversé le
corps. Quoi qu'il en soit, les sections finirent par
prendre le dessus. Les assaillants furent mis en
fuite; Alexis Lambert, suivi à la trace du sang
comme un daim blessé, retomba entre les mains
des sectionnaires qui se disputèrent la proie, les uns
voulant qu'il fût sursis à l'exécution, les autres voulant qu'elle eût lieu à l'instant même. La majorité
fut pour l'exécution immédiate; et, en effet, le même
jour, Alexis Lambert fut exécuté.

Toulon fut mis hors la loi par la Convention.
Mais, malgré sa révolte, chose singulière, Toulon
avait conservé toutes les formes républicaines, et le
drapeau tricolore continuait de flotter sur la ville.
Les royalistes jugèrent qu'ils n'avaient point fait
assez. En jetant les yeux du côté de la mer, ils vi-
rent la croisière anglo-ispano-napolitaine qui blo-
quait le port; ils résolurent de livrer Toulon aux
Anglais, et d'échapper par cette trahison, à l'ana-
thème de la Convention nationale.

On ouvrit des négociations avec l'amiral Hood,
qui ne voulut rien décider qu'il ne fut sûr de la co-

opération du général comte Mandès, commandant
de la place, et de l'amiral Trogof, commandant de
la flotte ; ceux-ci entrèrent dans la combinaison,
mais on ne put faire entendre si facilement raison
au contre-amiral Saint-Julien, qui était un jacobin
indécrottable. Il n'eût pas plus tôt connaissance du
projet, qu'au lieu de le seconder, il assembla son
équipage, le harangua avec véhémence, et fit jurer
aux officiers et aux marins de ne jamais souffrir que
les flottes ennemies entrassent dans le port de Toulon. Le contre-amiral Saint-Julien avait profité, pour
faire ce speech républicain, du moment où son supérieur était à terre. Voyant l'unanimité, non-seulement de son équipage, mais encore de ceux des
autres vaisseaux, M. de Saint-Julien prit le commandement de l'escadre, et manœuvra de manière
à barrer entièrement le passage de la rade.

Cette fois, sans un coup de désespoir, les royalistes étaient perdus. L'armée du général Carteaux,
qui venait de prendre Marseille, marchait sur Toulon, et le contre-amiral Saint-Julien, en barrant la
rade, leur fermait toute retraite.

Ce coup de désespoir fut tenté et réussit.

Les royalistes passèrent avec les Anglais un traité
par lequel il fut reconnu qu'en entrant dans Toulon,
ils prenaient possession de la place au nom et

comme alliés de Sa Majesté le roi Louis XVII. Puis,
ce traité passé, ils déclarèrent la flotte rebelle à la
volonté générale des habitants, et arrêtèrent que la
force serait employée contre elle. En conséquence,
on mit des officiers royalistes à tous les postes où
il y avait des officiers républicains, et particulièrement à la grosse Tour, dont on chargea le chef de
chauffer les batteries rouges et de tirer sur la flotte
au premier signal, en même temps que l'amiral
Hood attaquerait de son côté et essayerait de forcer
l'entrée de la rade.

Ces nouvelles parvinrent au contre-amiral Saint-
Julien, qui y répondit en annonçant qu'il allait
bombarder la ville, et en faisant retentir sur tous
les vaisseaux le branle-bas de combat.

La guerre civile allait éclater, et nul ne peut dire
comment la chose eût fini, lorsque la frégate *la
Perle*, commandée par le lieutenant Van Kempen,
se détacha tout à coup de la flotte et vint se ranger
du côté de la ville. L'amiral Trogof profita aussitôt de l'occasion. Il se fit transporter sur la frégate,
et y arbora son pavillon de commandant, sachant
combien ce signe respecté a de prestige pour les
marins. En effet, à sa vue, une partie de l'escadre
abandonna le contre-amiral Saint-Julien. Resté avec
sept vaisseaux seulement, celui-ci résolut de passer

au milieu de la flotte anglaise, résolution qu'il exécuta avec un bonheur inouï ; mais, dès lors, Toulon demeura sans défenseurs, et les royalistes, devenus les maîtres, y introduisirent les Anglais.

Quoique le récit de ces événements ne paraisse pas appartenir aux Mémoires d'une femme, je m'y suis appesantie pour deux raisons : la première, parce qu'ils eurent une grande influence sur d'autres événements auxquels j'ai pris plus tard une part trop active ; la seconde, parce que mon intimité avec la reine de Naples m'a mis à même de connaître des particularités restées ignorées, même des historiens qui ont écrit sur cette époque.

LX

Quelque temps avant l'arrivée du capitaine Nelson à Naples, je me présentai chez la reine, peut-être avant l'heure accoutumée ; on me répondit, à mon grand étonnement, que la reine s'était enfermée et avait défendu de laisser pénétrer personne près d'elle sans sa permission.

Comme il y avait toujours exception pour moi, je me retirais étonnée que cette exception n'eût point été maintenue ce jour-là comme les autres, lorsque j'entendis sonner dans la chambre de la reine.

On accourut au bruit de la sonnette, et, à travers la porte, on demanda :

— Que désire Votre Majesté?

— Appelez Louis Custode, répondit la reine.

Voulant alors savoir pourquoi j'étais consignée comme les autres à la porte de son appartement :

— Je suis là, Votre Majesté ! criai-je.

— Emma! fit-elle.

Et elle ouvrit la porte toute grande.

— Je le vois bien, que tu es là, dit-elle en riant; mais pourquoi y es-tu?

— Mais, répondis-je, parce que Votre Majesté a interdit sa porte *à qui que ce soit.*

— Est-ce que tu es jamais comprise dans le *qui que ce soit!* Tu es Emma, c'est-à-dire mon amie, la seule femme pour laquelle je n'aie pas de secrets. Viens donc ! viens!

Et elle m'appela de la tête en même temps que de la voix.

Je la suivis.

Dans sa chambre à coucher, sur un vaste canapé

placé en face du lit, il y avait tout un monde de papiers qui, pareils à une cascade, avaient roulé du sofa sur le parquet.

— Oh! mon Dieu m'écriai-je, Votre Majesté n'est pas condamnée, je l'espère, à lire tout cela?

— Non, mais je l'ai lu sans y être condamnée.

— Cela ne m'étonne plus, que Votre Majesté soit si pâle et ait l'air si souffrant ce matin.

— Cela se conçoit, je n'ai pas dormi.

— Qu'a donc fait Votre Majesté?

— Je te l'ai dit : j'ai lu tous ces papiers que tu vois, depuis le premier jusqu'au dernier.

— Et dans quel but, mon Dieu?

— Regarde à qui ces papiers sont adressés.

Et elle me montra une enveloppe.

« Au citoyen Mackau, ambassadeur de la république française à Naples. »

Je regardai la reine.

— Comment! lui demandai-je avec étonnement, le citoyen Mackau communique à Votre Majesté les lettres qu'il reçoit de son gouvernement?

— Oh! la bonne naïveté! fit la reine.

Dans ce moment, on entendit une voix qui disait à travers la porte :

— Voici l'homme que Votre Majesté a fait demander.

Caroline alla elle-même tirer le verrou qu'elle avait poussé derrière elle, et ouvrit la porte.

Un homme apparut qui semblait appartenir à la domesticité.

En apercevant la reine, il s'inclina jusqu'à terre.

— Est-il bien sûr, lui dit Caroline. que j'aie là tous les papiers de l'ambassade française?

— Tous sans exception, Votre Majesté! jusqu'à ceux qui étaient dans le tiroir du bureau de l'ambassadeur.

— Tu ne mens pas?

— Votre Majesté le verra bien aux cris que poussera l'ambassadeur quand il s'apercevra qu'il a été volé.

— Je t'ai fait promettre deux mille ducats pour ce vol.

— Oui, Votre Majesté, et j'en ai reçu mille à-compte.

— Quoique les papiers ne soient pas tels que je les espérais, voici les mille autres ducats.

— Merci, Votre Majesté; mais ce n'est pas tout ce qui m'a été promis.

— Que t'a-t-il donc été promis encore?

— Comme il n'y a que moi qui entrais dans le cabinet du citoyen ambassadeur, je serai le premier soupçonné, et l'on m'arrêtera très-certainement.

— Que t'importe, pourvu que les juges ne te condamnent pas?

— Il y aura toujours quelques mois de prison à faire.

— Que t'importe encore, si tu reçois cent ducats par chaque mois de prison que tu feras?

— Le fait est que ce sera un dédommagement. En tout cas, je me fie à la bonté de la reine.

— Laisse-toi arrêter, nie hardiment; quelques preuves qui s'amassent contre toi, ne nous compromets sous aucun prétexte, et sois tranquille!

Le voleur — car on l'a vu, c'était bien un voleur — mit la bourse dans sa poche.

— Comment! lui dit la reine, tu ne comptes pas?

— Oh! après Votre Majesté!...

— C'est bien; tu seras récompensé de ta confiance. Va-t'en!

L'homme s'inclina de nouveau jusqu'à terre et sortit.

— Eh bien, me demanda la reine, comprends-tu maintenant?

— Non, car je ne puis me persuader que Votre Majesté ait fait prendre les papiers de l'ambassadeur français par cet homme.

— C'est pourtant la simple et exacte vérité.

J'avoue que je fus effrayée; il me semblait qu'un

vol, fût-il exécuté par l'ordre d'une reine, était toujours un vol.

Caroline devina ce qui se passait en moi.

— Je croyais trouver dans ces papiers des preuves de connivence entre les jacobins de Naples et ceux de Paris, dit-elle. Je me trompais; mais j'y ai trouvé autre chose de non moins important.

— Et qu'a trouvé Votre Majesté?

— Attends, dit-elle; il me semble que je reconnais le pas du roi... Oui, c'est lui... Que vient-il faire chez moi à cette heure?

En ce moment, on frappa assez rudement à la porte.

—Quand je te disais que c'était lui! fit la reine en s'asseyant de manière à cacher les papiers sous elle et sous les plis de sa robe.

J'allai ouvrir.

Le roi avait sur le visage une expression d'inquiétude.

— Oh! mon Dieu! dit Caroline en riant, qu'avez-vous, monsieur, et d'où vous vient cette mine effarée?

— Vous ne savez point ce qui s'est passé cette nuit?

— Non; mais, quand vous me l'aurez dit, je le saurai.

— Laissez-moi auparavant, en galant chevalier

baiser la main à milady et lui demander des nouvelles de sir William.

Je tendis la main au roi, qui, ainsi qu'il l'avait dit, la baisa galamment.

— Sir William se porte à merveille, répondis-je, et il sera très-heureux du bon souvenir de Sa Majesté.

— Maintenant que voici vos devoirs accomplis, reprit la reine, dites-moi cette chose si terrible qui s'est passée cette nuit?

— Eh bien, cette nuit, on a volé les papiers de l'ambassade française.

— Bah !

— Et, ce matin, le chancelier est venu, de la part du citoyen Mackau, porter plainte au général Acton.

— Vraiment?

— Et la plainte est portée de telle façon, qu'il semble qu'on soupçonne quelqu'un de la cour de Naples d'avoir fait le coup.

— Alors, il est encore plus intelligent que je ne le croyais.

— Qui cela?

— Le citoyen Mackau.

— Que voulez-vous dire?

— Je veux dire que votre meilleur limier, sire,

n'eût pas mieux suivi la piste des papiers que ne
l'a fait le citoyen Mackau.

— Comment! madame, vous avez connaissance
de ce vol?

— J'en ai entendu parler, oui.

— Et vous savez où sont les papiers?

— Je m'en doute.

— Mais où sont-ils donc?

— Voulez-vous le savoir?

— Sans doute, ne fût-ce que pour répondre aux
réclamations du citoyen ambassadeur.

— Eh bien, les voici, dit la reine en se levant et
en démasquant les papiers sur lesquels elle était
assise et ceux qu'elle couvrait de sa robe.

— Oh! mon Dieu! fit le roi en pâlissant.

— Emma! Emma! dit la reine en riant, avance
un fauteuil à Sa Majesté; elle va se trouver mal.

L'envie de rire m'avait gagnée, moi aussi, et
j'avançai un fauteuil au roi, qui se laissa franchement tomber dessus.

— Mais, madame, dit-il, on saura que c'est nous
qui avons soustrait ces papiers, et la soustraction de
ces papiers, c'est la guerre avec la France!

— D'abord, monsieur, dit la reine, ce n'est pas
nous qui avons soustrait ces papiers : c'est *moi* qui
les ai soustraits; ensuite, on ne saura pas que c'est

moi; enfin, nous aurions eu la guerre avec la France sans cela ; la soustraction des papiers ne change donc rien à la question.

— Et pourquoi eussions-nous eu la guerre avec la France ?

— Tout simplement parce que le citoyen Mackau a des yeux, qu'il a vu nos armements, qu'il a compté les hommes et les vaisseaux que nous avons envoyés à Toulon, que la France est prévenue de tout, et qu'à cette heure, elle n'ignore pas que nous avons à Toulon quatre mille hommes et quatre vaisseaux.

— N'importe! nous ne pouvons pas refuser à l'ambassadeur la satisfaction qu'il demande.

— Et quelle satisfaction demande-t-il?

— La poursuite du vol, dans le cas où le voleur serait un Napolitain.

— Eh! donnez-la-lui, cette satisfaction!

— Mais si le voleur avoue?

— Il n'avouera pas.

— S'il est condamné, cependant?

— Il ne sera pas condamné, puisqu'il sera jugé par un tribunal napolitain.

— Oh! madame, dit le roi, ne vous y fiez pas; l'esprit du jour est à l'indépendance.

— Eh! c'est justement ce que je veux réprimer.

monsieur, dit la reine en fronçant le sourcil; et, s'il le faut, c'est par les tribunaux que je commencerai.

— Alors, cela vous regarde?

— Cela me regarde.

— Vous vous chargez de cette affaire?

— Je m'en charge.

—Allez donc, et faites à votre guise! Que m'importe, à moi, ce qui peut arriver, pourvu qu'il me reste mes forêts pour chasser et le golfe pour pêcher.

— Et San-Leucio pour vous reposer, ajouta la reine avec un rire dédaigneux.

— Est-ce que Votre Majesté me ferait l'honneur de s'inquiéter de San-Leucio? demanda le roi.

— Et pourquoi m'inquiéterais-je de San-Leucio, quand cette intéressante colonie a maintenant à sa tête un homme du mérite du cardinal Ruffo? Oh! s'il était trésorier au lieu d'être inspecteur, je n'aurais peut-être pas la même tranquillité.

— Vous lui en voulez, à ce pauvre cardinal? Je vous assure cependant que c'est un homme qui nous est très-dévoué.

—Qui vous est très-dévoué, vous voulez dire?

— Eh! bon Dieu! madame, dit en riant le roi, ne faisons-nous pas *un*?

— Oh! non, monsieur, et je m'en vante!

— Vous me traitez bien mal ce matin, madame!

— Vous traiterais-je mieux le soir que le matin?

— Que voulez-vous que pense de moi lady Hamilton?

— Les opinions de lady Hamilton sont modelées sur les miennes.

— C'est-à-dire, reprit le roi en riant, que lady Hamilton me fait, comme vous, l'honneur de me détester.

— Oh! dit la reine, Votre Majesté sait bien que c'est un autre sentiment que celui de la haine que j'ai pour elle.

— Allons, je vois bien que, ce matin, je n'aurai pas le dernier avec vous.

— Étiez-vous venu pour cela?

— Non, madame; j'étais venu pour vous voir et pour vous dire les nouvelles de la matinée.

— Eh bien, je vais, en échange, vous dire celles du jour. Nous avons décidé, M. Acton et moi, que deux vaisseaux et trois mille hommes de renfort seraient envoyés à la flotte anglo-espagnole; ils seront commandés par les généraux de Gambs et Pignatelli. Je vous laisse l'honneur de l'initiative, si vous voulez la prendre aujourd'hui au conseil:

seulement, pressez leur envoi : le capitaine Nelson réclame ce renfort à cor et à cri.

— Et, moyennant cette activité, rentrerai-je en grâce près de vous?

— Mais vous n'en êtes jamais sorti, monsieur, dit la reine avec un sourire demi-gracieux, demi-railleur.

Le roi s'approcha d'elle, lui prit la main et la baisa, tandis qu'elle le regardait avec une indescriptible expression.

— Alors, madame, vous êtes *décidément décidée* à la guerre?

— Décidément décidée, monsieur! et d'autant plus décidément décidée, que nous ne pouvons faire autrement.

— Allons donc, madame! va pour la guerre! Vous verrez que, quand le moment sera venu de tirer l'épée du fourreau, je m'en acquitterai aussi bien qu'un autre.

— Cela vous sera d'autant plus facile, monsieur, que, quand le roi Charles III, votre père, a quitté Naples, il vous a laissé l'épée avec laquelle Philippe V avait conquis l'Espagne, et lui le royaume de Naples; seulement, cette épée n'a pas vu le jour depuis la bataille de Velletri, et, en quarante-trois ans, il se passe bien des choses entre un fourreau et une lame.

— Ma foi, ma chère maîtresse, fit le roi en secouant la tête, vous avez trop d'esprit pour moi, et je vous quitte la place.

Et, nous ayant saluées toutes deux, il se retira.

— Maintenant, dit la reine, en attendant que mon cher époux devienne un Alexandre ou un César, brûlons ceux de ces papiers qui sont inutiles, et n'en gardons que ceux qui sont bons à garder.

Nous nous mîmes à l'œuvre, et, je dois le dire, de ma part sans objection aucune; ce caractère décidé m'entraînait dans sa volonté, comme l'astre entraîne le satellite dans son tourbillon.

Les choses que je viens de raconter s'étaient passées huit ou dix jours avant l'arrivée du capitaine Nelson, auquel il est temps de revenir.

LXI

On se rappelle la réponse de Desdémona à cette demande du Sénat de Venise :

« Comment vous, jeune, belle et noble, avez-vous

aimé cet homme, qui n'est ni noble, ni beau, ni jeune ? »

Desdemona répond :

« Il me racontait ses voyages, ses dangers, ses combats, et mon âme, pendant des heures, restait suspendue à ses lèvres. »

Il en fut ainsi, à peu près, je ne dirai pas du premier sentiment d'amour, mais du premier sentiment de sympathie que m'inspira Nelson.

C'était un marin à la parole rude, une espèce de John Bull, type symbolique du peuple anglais, qui avait d'immenses désirs d'ambition, et qui, né loin des trônes, fut ébloui par les rayonnements qui s'en échappent, dès qu'il en approcha.

Voici son histoire, telle qu'il nous la raconta un soir, à la reine et à moi.

Il était né le 29 septembre 1758, dans un petit village du comté de Norfolk; il avait donc trente-cinq ans à l'époque où je le connus.

Il n'avait point encore fait le siége de Ténériffe et la campagne de Corse, de sorte qu'il n'avait encore perdu ni le bras droit, ni l'œil gauche.

Il était fils d'un simple pasteur. Le village où il naquit se nommait Burnham-Thorpes.

Sa mère mourut encore jeune, laissant onze enfants à la charge du pauvre ministre de village.

Le père les éleva avec économie et avec cette douce affection qui relie entre eux les membres d'une famille nombreuse et pauvre; il fit l'éducation de tous, des garçons comme des filles; il y ruina sa santé et fut forcé, pour se rétablir, d'aller prendre les eaux de Bath.

L'aîné de la famille, William Nelson, prit, en l'absence du père, la direction de la petite colonie.

La pauvre famille avait un parent, un frère de la mère, qui était allié aux Walpole; lien éloigné mais réel. Cet oncle était capitaine de vaisseau et se nommait Maurice Suckling.

Un jour, le hasard fit — à quoi tient l'avenir des hommes, et même celui des royautés! — un jour, le hasard fit que, pendant les fêtes de Pâques, le jeune Horace Nelson lut sur un journal que son oncle avait obtenu le commandement du *Raisonnable*, vaisseau de soixante-quatre canons.

— Mon frère, s'écria-t-il en s'adressant à William, écrivez, s'il vous plaît, sans perdre un moment, à notre père, et priez-le de demander à mon oncle Maurice de m'embarquer avec lui.

Le jour même, la lettre partit.

En la lisant, le père s'écria :

— Il faut que ce soit la vocation de l'enfant; je serais bien étonné s'il ne monte pas *au haut du mât.*

Nelson, effectivement, y monta.

La proposition fut acceptée par Maurice Suckling, et le petit Horace Nelson, frêle comme une baguette de saule, fut embarqué à bord du *Raisonnable*.

Horatio Nelson fit deux campagnes sur ce bâtiment, puis une troisième sur le *Triumph*, et, ce dernier bâtiment ayant été désarmé, il s'embarqua sur un navire marchand. A son retour à Londres, il trouva son oncle directeur d'une école pratique d'aspirants établie à bord de ce même *Triumph* sur lequel il avait navigué. Il se fit recevoir à cette école; mais, cette espèce de surnumérariat d'eau douce lui étant insupportable, il s'enrôla volontairement pour faire partie d'une expédition de découvertes au pôle nord.

Il montait alors le *Race-Horse* (1). Arrivé aux extrèmes limites de l'Océan, le bâtiment fut pris au milieu des glaces. Dans une de ses expéditions sur la mer devenue complétement solide, le jeune Horace rencontra un ours et l'attaqua le premier, quoiqu'il n'eût pour toute arme qu'un couteau; saisi corps à corps par son terrible adversaire, il était près de périr étouffé entre les bras du monstre, lorsqu'un de ses compagnons déchargea à bout portant son fusil dans l'oreille de l'ours et le tua.

(1) *Le cheval de race.*

Il avait seize ans et était encore si faible, qu'à peine en paraissait-il douze.

— Comment, n'étant pas plus vigoureux que vous ne l'êtes, demanda le capitaine, vous êtes-vous attaqué à un pareil adversaire?

— Je voulais reporter sa peau à mon père et à mes sœurs, répondit l'enfant.

Les rudes épreuves auxquelles la mer soumet ses amants développèrent plus tard les forces et raffermirent la santé de Nelson.

Délivrée des glaces, l'expédition se retrouva dans la mer libre. Nelson passa alors sur le *Sea-Horse* (1), bâtiment de vingt canons, et entra dans la mer de l'Inde. Après deux ans de station sur ces côtes, dont l'air est empoisonné, le jeune marin revint en Angleterre dans un état de dépérissement que l'on crut mortel.

Six mois suffirent pour lui rendre la santé. Il profita de cette convalescence pour se mettre en état de passer ses examens, dont il sortit avec les honneurs du triomphe et avec le grade de sous-lieutenant de marine. Il fit alors la guerre contre l'indépendance de l'Amérique, défendit la Jamaïque contre l'amiral d'Estaing, passa dans l'Amérique du Sud, et y re-

_____

(1) *Le cheval de mer.*

nouvela les exploits de ces Frères de la côte dont l'histoire est arrivée jusqu'à nous, avec tout le prestige du roman.

Un jour, pendant une de ses expéditions dans les forêts du Pérou, il s'endormit au pied d'un arbre.

Un serpent s'introduisit sous le manteau dont Nelson était enveloppé.

Un mouvement que fit le dormeur dérangea le reptile, qui le mordit. C'était un serpent noir de l'espèce la plus dangereuse. Le contre-poison, appliqué à temps à l'intérieur et à l'extérieur par les naturels du pays, sauva le jeune marin; mais, pour la seconde fois, il revint mourant en Angleterre.

Il guérit cependant, mais pas complétement, et il se ressentit de cet empoisonnement toute sa vie.

Trois mois après son retour, sur la recommandation de lord Cornwalis, il obtint le commandement d'un brick de vingt-six canons, avec lequel il fit une croisière dans la mer du Nord, et étudia les côtes du Danemark.

Au printemps, Nelson fut envoyé dans l'Amérique du Nord. Poursuivi et enveloppé par quatre frégates françaises, il leur échappa en engageant son brick dans une passe jusqu'alors déclarée impraticable.

Il toucha au Canada.

C'était là que Nelson devait aimer pour la première fois, et la violence de cette première passion put donner la mesure de l'influence que l'amour aurait sur sa vie. Pour ne pas se séparer de la femme qu'il aimait, Nelson voulait donner sa démission, renoncer à son emploi, et renvoyer sans lui son bâtiment en Angleterre; ses officiers, qui l'adoraient, le traitèrent en fou et résolurent de le guérir de sa folie : ils firent semblant d'obéir à ses ordres, s'éloignèrent, puis revinrent la nuit, pénétrèrent dans sa chambre, lui lièrent bras et jambes, et, maîtres de lui, l'emportèrent à bord, levèrent l'ancre et ne lui rendirent la liberté que lorsqu'il fut dans la haute mer.

Cette passion ne s'éteignit que pour faire place à une autre. De retour en Angleterre, il devint amoureux de mistress Nisbett, jeune veuve de dix-neuf ans, et l'épousa.

Il conduisit sa jeune femme et un charmant petit garçon, nommé Joshua, qu'elle avait eu de son premier mariage, dans la maison de son père mourant, et, une seconde fois, on le crut perdu pour la marine.

Et, en effet, il ne fallut pas moins que la déclaration de guerre de la France contre l'Angleterre pour l'arracher à cette douce obscurité dans laquelle il s'était réfugié. L'Amirauté alla le chercher jusque sous le toit conjugal, et lui donna le commandement de *l'Agamemnon*, sur lequel il rejoignit l'escadre de l'amiral Hood dans la Méditerranée. Il arriva à temps pour prendre part à la prise de Toulon, après laquelle, comme on vient de le voir, il fut envoyé à Naples pour y chercher des renforts.

J'ai dit comment il avait été reçu du roi et de la reine.

Une fois décidé à la guerre, Ferdinand ne pouvait désirer de meilleures nouvelles que celles que lui apportait Nelson. On était complétement et ouvertement brouillé avec la France. Sur la plainte du citoyen Mackau, le voleur de l'ambassade avait été arrêté, mis en jugement et acquitté, quoique les preuves de sa culpabilité fussent patentes. L'ambassadeur, comme la reine avait pu s'en assurer par la lecture de ses papiers, avait reconnu tous les manques de foi de la cour de Naples; il avait pu voir partir la flotte, il avait pu voir arriver Nelson; l'écho des compliments qui lui avaient été faits par le roi et par la reine avaient retenti jusqu'à l'ambassade française; enfin, un matin, l'ambassadeur avait reçu de son gouvernement l'ordre de quitter Naples, et il était parti, indigné contre le gouvernement napolitain et le gouvernement pontifical, emmenant avec

lui la fille et la veuve de Basseville, assassiné à
Rome, l'une pleurant un père, l'autre un mari.

De la terrasse du palais, nous le vîmes s'embarquer sur un navire neutre, et, comme, de son côté,
il vit un groupe de femmes en face des appartements
royaux, il se douta que la reine était parmi ces femmes et étendit le bras vers nous en signe de menace.

Moi, je ne vis qu'une chose dans le groupe qui ac-
compagnait l'ambassadeur : c'étaient ces deux femmes vêtues de noir, et dont le deuil criait vengeance
plus haut que le geste menaçant de l'ambassadeur.

Nelson était enivré de l'accueil qui lui avait été
fait par le roi, la reine et sir William Hamilton.
Enfant du peuple, né loin de la cour, il ressentait
comme moi, plus profondément que les personnes
nées dans une condition supérieure, la fascination
qu'exerce le sourire royal.

Voici la lettre qu'il écrivait à sa femme le 14 septembre 1793 :

A madame Nelson.

« Les nouvelles que j'apportais ont été reçues avec
une suprême satisfaction. Après être venu le premier
me faire visite à bord de *l'Agamemnon*, le roi a envoyé

deux fois savoir des nouvelles de ma santé. Il appelle les Anglais les sauveurs de l'Italie, et particulièrement les sauveurs de son royaume. Au reste, j'ai travaillé pour lord Hood avec un zèle que personne n'eût porté plus loin, et je lui rapporte la plus splendide lettre qui ait jamais été écrite par la main d'un roi.

» Je l'ai obtenue grâce à sir William Hamilton et au premier ministre, qui est Anglais. Lady Hamilton a été adorablement aimable pour Joshua.

» Quant à elle, c'est une jeune femme d'excellentes manières, et qui fait honneur au rang auquel elle a été élevée. J'emmènerai d'ici six mille hommes de renfort pour lord Hood.

» Rappelez-moi à la mémoire de mon cher père, à celle de lord et de lady Walpole, et croyez-moi votre tout affectionné,

» Horace Nelson. »

Pendant tout le temps que Nelson resta à Naples, il demeura à l'ambassade. J'ai dit l'espèce d'impression qu'il avait faite sur moi; plus tard, il me répéta bien des fois que, du moment où il m'avait vue, il m'avait aimée; mais, pendant ce premier voyage, si la chose est vraie, ses regards seuls parlèrent pour lui, et encore si peu résolûment, qu'il partit me laissant dans le doute s'il avait pour moi de l'amour ou tout simplement une profonde affection fraternelle.

De mon côté, le sentiment que j'éprouvais, si toutefois ce sentiment dépassait les bornes de l'amitié, se répandait tout entier sur ce bel adolescent, fils de mistress Nisbett, et portant, à treize ou quatorze ans, l'uniforme du premier grade de la marine ; et, quand j'écoutais, couchée sur un divan, le bras passé autour du cou de Joshua, le récit des voyages, des dangers et des combats de son beau-père, sir William Hamilton, toujours épris de l'antiquité, s'amusait à me comparer à la reine de Carthage caressant Ascagne, tout en écoutant les discours d'Énée.

LXII

Marie-Caroline avait été un moment distraite des terribles préoccupations que lui causait la mise en accusation de sa sœur, par la présence de Nelson à Naples ; mais, aussitôt après le départ du capitaine anglais, son esprit et son cœur retournèrent vers la

Conciergerie, comme l'aiguille aimantée, un instant et accidentellement flottante, retourne invinciblement au pôle.

Le procès, pendant ce temps, avait suivi une marche rapide et fatale. Renvoyée au tribunal révolutionnaire et transportée à la Conciergerie le 1er août, Marie-Antoinette avait subi, le 12 octobre, un interrogatoire, et, le 16, avait été condamnée à mort et exécutée.

Quoique la reine de Naples se doutât bien que la Convention n'épargnerait pas Marie-Antoinette, le principal objet de sa haine, le coup qui la frappa, lorsqu'elle apprit son exécution, n'en fut pas moins terrible. Elle tomba dans des convulsions accompagnées de cris et de menaces, au milieu desquels sa figure se décomposa tellement, que c'était à douter si elle redeviendrait jamais belle.

Comme pour la mort du roi Louis XVI, on ordonna le deuil public, les prières dans toutes les églises, les processions funèbres dans les rues. La reine s'enferma, refusant de recevoir qui que ce fût au monde, excepté moi.

Pendant les huit premiers jours qui suivirent la nouvelle fatale, je ne la quittai pas une heure, couchant dans sa chambre, mangeant avec elle; ou plutôt, disons-le, elle ne dormit ni ne mangea. Enfin, elle parvint à pleurer et se sentit un peu soulagée par les larmes; mais, pendant ces huit jours, elle avait fait et elle m'avait fait faire mille serments de vengeance. Comment se vengerait-elle? Elle n'en savait rien. Comment l'aiderais-je à se venger? Elle l'ignorait. Mais, comme faisait Hamilcar au jeune Hannibal, elle me mettait la main sur l'autel en criant : « Vengeance! vengeance! »

Quant au roi, il parut très-affecté et surtout très-épouvanté le premier et le deuxième jour; mais, le troisième, sous prétexte de se distraire, il partit pour la chasse et ne reparut pas d'une semaine.

Ce fut en ce moment que la haine rapprocha Caroline du ministre Acton. Trois fois par jour, elle l'envoyait chercher, lui demandait des nouvelles de la guerre, et, en le quittant, s'écriait :

— Mais, vous qui êtes un homme, trouvez-moi donc un moyen de me venger !

Acton la consolait alors autant qu'elle pouvait être consolée, en lui disant dans quelles sanglantes convulsions se débattait la France.

Mais, un jour, je le vis entrer pâle, les dents serrés et frissonnant lui-même de rage. La reine, en l'apercevant, comprit qu'il était porteur de quelque nouvelle fatale.

Elle se dressa tout debout, et, me serrant violemment la main qu'elle tenait quand le général était entré :

— Qu'y a-t-il encore ? demanda-t-elle.

— Il y a, madame, répondit Acton, que les républicains ont repris Toulon.

— Toulon ! s'écria la reine en pâlissant ; ils ont repris Toulon ! et, il y a huit jours, vous me disiez que vous aviez reçu de l'amiral Hood une lettre dans laquelle il vous disait : « Si les jacobins me reprennent Toulon, je me fais jacobin moi-même. »

— Eh bien, il ne lui reste plus qu'à s'enfoncer le bonnet rouge jusqu'aux oreilles.

— Mais comment cela se peut-il ? Selon vous, les gens qui assiégeaient Toulon étaient des imbéciles. Carteaux, le général Carteaux, disiez-vous, était incapable de faire le siége d'une ville de troisième ordre !

— Et je le dis encore, madame ; seulement, par malheur, Carteaux a été rappelé, et Dugommier envoyé à sa place. Mais ce ne sont point les généraux qui ont repris Toulon ; c'est, à ce qu'il paraît, un jeune officier complétement inconnu et qui fait ses premières armes.

— Et qui se nomme ?

— Buonaparte.

— Qu'est-ce que cela, Buonaparte ? C'est un Italien ?

— Oui et non.

— Comment, oui et non ?

— C'est un Corse.

La reine frappa du pied.

— Toulon repris ! s'écria-t-elle.

Elle garda le silence un instant, fronçant les sourcils et roidissant les bras.

— Et pas d'autres notions sur ce Buonaparte ?

— Je vous ai dit tout ce que j'en sais, madame. La nouvelle a été apportée par un brick du commerce bloqué dans le port et qui en est sorti avec la flotte anglaise et la nôtre ; seulement, excellent marcheur, il a gagné sur elles, et, pris par un coup de vent au-dessus de l'île d'Elbe, il est venu en trois jours de la Pianosa ici.

— Qui avez-vous interrogé ?

— Le capitaine.

— Ne puis-je voir cet homme ?

— Rien de plus facile ; mais il m'a dit tout ce qu'il savait.

— Quand croyez-vous recevoir d'autres nouvelles ?

— Ce soir, cette nuit, demain matin au plus tard.

En ce moment, machinalement, le général jeta les yeux du côté de la mer.

— Eh! tenez, madame, dit-il, voici un bâtiment qui vient à nous à pleines voiles, et il me semble voir à l'horizon d'autres bâtiments qui le suivent.

— Apporte la lunette, Emma, dit la reine.

En effet, la reine avait fait demander au capitaine Nelson une bonne lunette, et le capitaine Nelson lui avait envoyé la meilleure de *l'Agamemnon*.

Le général Acton la prit, et, l'ayant mise à son point, la fixa sur le bâtiment qui apparaissait à l'horizon

Puis, repoussant de la paume de sa main les tubes les uns dans les autres :

— Ou je me trompe fort, dit-il, ou, avant deux heures, nous allons avoir des nouvelles exactes, et par un homme qui n'aura rien perdu de ce qui s'est passé.

— Vous avez reconnu le bâtiment? demanda Caroline.

— Je crois que c'est *la Minerve*, capitaine François Caracciolo.

— Ah ! fit la reine, si c'est lui, prévenez-le que je désire lui parler, et lui parler la première. Vous l'accompagnerez si vous voulez, général ; mais qu'il vienne d'abord ici.

6.

Le général s'inclina et sortit.

Nous restâmes seules. La reine reprit la lunette et suivit des yeux la corvette jusqu'à ce qu'elle fût entrée dans le port; mais, avant même qu'elle y fût entrée, la corvette avait échangé des signaux avec le château de l'Œuf, de sorte que le capitaine n'attendit même pas que l'ancre eût touché le fond de la mer pour descendre dans sa yole et ramer vers la darse.

Au loin, on voyait cinq ou six autres bâtiments qui paraissaient plus ou moins avariés et qui venaient, selon leurs avaries, d'une marche plus ou moins lente.

Depuis qu'elle avait perdu de vue la chaloupe montée par le commandant de la corvette, la reine tenait ses yeux fixés sur la porte d'entrée.

Au bout de dix minutes, nous entendîmes des pas qui s'approchaient rapidement; la porte s'ouvrit, et le général Acton annonça lui-même :

— Le capitaine François Caracciolo.

Le capitaine entra, fit un profond salut dont j'eus la liberté de prendre ma part si la chose me convenait, et attendit les interrogations de la reine.

— Eh ! bon Dieu ! monsieur, dit-elle, que me dit-on ! ces infâmes jacobins nous ont repris Toulon ! Est-ce vrai ?

— Il faut bien que ce soit vrai, madame, répondit le prince Caracciolo avec un triste sourire, puisque me voici !

— Et l'on a rendu ainsi Toulon, sans combattre ?

— On a combattu, madame ; car nous avons eu deux cents hommes tués et quatre cents faits prisonniers.

— Alors, expliquez-moi cette défaite, monsieur ; car c'est une défaite, n'est-ce pas ?

— Dans toute l'étendue du mot, madame, et dans toute la réalité de la chose.

— Mais qui a pu ainsi, en quelques jours, changer la face des affaires ?

— Un homme de génie, madame.

— Ce Buonaparte ?

— Ce Buonaparte, oui.

— Qu'a-t-il donc fait ?

— Il a découvert le seul point d'où Toulon était attaquable ; il l'a enlevé à la baïonnette, et, de là, il a dirigé son feu sur la ville.

— Après ? après ? Continuez ! Vous voyez bien que je vous écoute, monsieur.

— Eh bien, madame, après... quand on a vu les obus incendier la ville, quand on a entendu siffler les boulets dans les rues, quand on a vu les deux forts de l'Éguillette et de Balagnier se joindre à celui du

Petit-Gibraltar pour foudroyer Toulon, la discorde s'est mise entre les Anglais, les Espagnols et les Napolitains. Les Anglais, décidés à évacuer la ville sans en faire part ni aux Espagnols ni à nous, mirent le feu à l'arsenal, aux magasins de la marine et aux bâtiments français qu'ils ne pouvaient emmener, et commencèrent à s'embarquer sous le feu des batteries françaises, abandonnant ceux qui avaient trahi la France pour eux, et qu'ils trahissaient à leur tour. Dès lors, madame, ce fut une confusion, une fuite, une déroute! Les Anglais firent tirer sur les royalistes qui se cramponnaient aux flancs de leurs vaisseaux pour fuir la vengeance des patriotes. Je n'ai pas cru devoir faire comme eux : j'ai reçu à mon bord une vingtaine de royalistes, et, parmi eux, le gouverneur de la ville, le comte Mandès. Je ramène ces malheureux; autant qu'il meurent de faim ici, si le roi n'a pas pitié d'eux, que de périr là-bas fusillés ou guillotinés.

— Vous avez bien fait, monsieur s'écria la reine, et vos royalistes ne mourront pas de faim, c'est moi qui vous le dis; car, si le roi refuse de leur donner du pain, je vendrai mes diamants pour leur en donner, moi.

Caracciolo s'inclina.

— Je ne sais, monsieur, continua la reine, si mon

influence ira jusqu'à vous faire nommer amiral ;
mais, en tout cas, je demanderai au roi et à M. Acton
que cette faveur, je me trompe, que cette récompense
vous soit accordée.

Caroline fit un mouvement de la main, le prince
s'inclina et sortit.

— Que dites-vous de cela, monsieur ? demanda la
reine à Acton.

— Je dis, madame, que le prince Caracciolo
n'aime point les Anglais ; de là vient sans doute le
mauvais rôle qu'il fait jouer à mes compatriotes dans
cette affaire.

— Ce qui veut dire que vous ne serez pas de mon
avis, monsieur, quand on discutera au conseil si le
grade que je demanderai pour le capitaine Caracciolo
lui doit être accordé ?

— Votre Majesté, dit Acton en s'inclinant, sait
que je suis toujours de son avis. Maintenant, la
reine ne trouverait-elle pas bon que je donnasse sans
retard des ordres pour que les vaisseaux et les
hommes qui vont rentrer dans le port soient l'objet
des soins et de la sollicitude du gouvernement ?

— Allez, monsieur ! allez ! Faites panser les blessés, soigner les malades, donner des récompenses à
ceux qui se sont bien conduits : nous ne sommes pas

une assez grande puissance pour avoir le droit d'être
ingrats envers nos défenseurs.

Acton se retira.

Le soir, le roi rentra de la chasse. Vers onze heures
du soir, la reine s'informa de ce qu'il avait fait
et dit.

Il avait soupé fort tranquillement, s'était fait raconter, pendant son souper, les événements dont on
avait reçu la nouvelle, puis, sans dire un seul mot,
s'était couché.

A minuit, la reine me pria de l'accompagner. Je la
regardai avec étonnement prendre un poignard et
un crayon noir; puis, comme je lui demandais ce
qu'elle allait faire :

— Viens avec moi, dit-elle, et tu le verras.

Je la suivis à travers le corridor toujours solitaire
par lequel le roi venait chez elle. Nous arrivâmes
ainsi à une petite pièce qui précédait la chambre de
son mari.

Là, elle s'arrêta, écouta si elle n'entendait aucun
bruit. Le plus profond silence régnait, et dans la
chambre du roi, qui dormait profondément, et dans
celle du gentilhomme de service. La reine s'approcha
de la porte de la chambre à coucher de son mari, y
enfonça le poignard, et, me passant le crayon noir :

— Toi dont il ne connaît pas l'écriture, me dit-elle.

écris autour de ce poignard ce que je vais te dire.

Je posai la pointe du crayon sur le bois de la porte.

— Écris : *Tutte le mode vengono di Francia* (1) !

J'écrivis.

— Maintenant, viens! dit-elle. Nous verrons s'il déjeunera aussi bien demain qu'il a soupé ce soir!

Le lendemain, à huit heures du matin, le roi, pâle de terreur, accourait en robe de chambre chez la reine, lui présentait d'une main tremblante le poignard, et, d'une voix entrecoupée par des claquements de dents, lui répétait les paroles écrites par moi sur la porte.

Caroline ne parut pas étonnée.

— Cela prouve, dit-elle, que nous avons des jacobins jusque dans le palais.

— Mais que faire? s'écria le roi désespéré.

— Tout le contraire de ce qu'ont fait Charles Ier et Louis XVI, répondit la reine : prendre les devants, et tuer pour ne pas être tué.

— Eh! je ne demande pas mieux que de tuer, dit le roi ; mais qui tuer?

— Les jacobins !

— Voyons, entendons-nous, dit le roi, qui, dans son gros bon sens, ne pouvait se rendre compte de

(1) Toutes les modes viennent de France.

ce que voulait dire la reine par le mot de *jacobin*. En France, les jacobins, à ce qu'il paraît, sont des sans-culottes coiffés d'un bonnet rouge, qui écrivent des journaux blasphémateurs et incendiaires ; ici, les jacobins sont des hommes comme il faut, instruits, savants, qui écrivent de bons livres ou du moins réputés tels. En France, ils s'appellent Santerre, Collot d'Herbois, Hébert ; ils sont marchands de bière, comédiens sifflés, vendeurs de contre-marques ; ici, ils s'appellent Hector Caraffa, Cirillo, Conforti, c'est-à-dire qu'ils appartiennent à la première noblesse, à la médecine, au barreau. Il y a donc jacobins et jacobins, comme il y a fagots et fagots ?

— Oui, répondit la reine, il y a jacobins et jacobins, et plus les nôtres sont instruits, nobles et riches, plus ils sont à craindre. En France, c'est le peuple qui est mauvais, et la classe élevée qui est bonne ; ici, tout au contraire, c'est le peuple qui est bon, et la classe élevée qui est mauvaise.

— Bon ! voilà aujourd'hui que c'est le peuple qui est bon ! Eh bien, alors, pourquoi donc le méprisiez-vous tant, ce peuple, quand il m'applaudissait en me regardant manger mon macaroni, et quand il montait sur le marchepied de ma voiture pour me tirer le nez et me pincer les oreilles ?

— Parce que je ne le connaissais pas ; aujourd'hui,

je le connais, et je lui rends justice ; j'ai même sur vous l'avantage de la lui avoir rendue en tout temps. Oui, certes, il a du bon ; mais, par saint Janvier, il a bien du mauvais aussi !

— Enfin, ce n'est point un homme du peuple qui a pénétré dans votre palais, qui a planté le poignard dans votre porte, et qui a donné cet avis : *Tutte le mode vengono di Francia*. Ce n'est pas du patois napolitain, c'est du bel et bon italien.

— Cela, je suis forcé d'en convenir ; c'est si vrai, que j'ai été sur le point de faire arrêter le pauvre Riario Sforza, qui était de service près de moi cette nuit ; mais, en voyant le poignard, je crois qu'il est devenu encore plus pâle et plus tremblant que moi.

La reine alla à la fenêtre et l'ouvrit.

— Tenez, dit-elle au roi en lui montrant les vaisseaux que l'on avait vus de loin la veille, et qui rentraient mutilés dans le port les uns après les autres, comme des oiseaux de mer dont le plomb du chasseur aurait brisé les ailes. Voilà un spectacle déplorable pour l'humanité, n'est-ce pas ? honteux pour le gouvernement à coup sûr ! Nos soldats tués ou prisonniers ; notre flotte démâtée ! C'est une calamité publique, et, voyez ! tout Naples est sur les quais pour assister à ce douloureux spectacle ! Eh bien, déguisez-vous si vous pouvez, mêlez-vous à toute cette foule sans être reconnu ; vous verrez tout ce qui sera habillé de drap, tout ce qui sera riche, savant, patricien, vous verrez tout cela se réjouir de notre désastre ; et, au contraire, tout ce qui sera à moitié nu, ignorant, pauvre, pleurer, se lamenter, maudire les Français. Que les Français viennent, tous vos nobles, tous vos savants, tous vos médecins, tous vos légistes se joindront à eux. Qui les combattra ? Le peuple ! Qui se fera tuer pour vous ? Les lazzaroni !

— Hum ! fit le roi, les drôles sont bien spirituels pour se faire tuer pour quelqu'un ou pour quelque chose ! Peste ! c'est si bon de vivre couché, la tête à l'ombre et les pieds au soleil, et de ne se réveiller que pour écouter Polichinelle jouer à la morra, ou le regarder manger du macaroni !

— Viennent les Français et vous verrez !

— Bon ! fit le roi avec une grimace qui n'appartenait qu'à lui, ils sont encore loin, les Français ! Il faut qu'ils viennent par terre, vu que la mer est aux Anglais et que ceux-ci leur ont brûlé à Toulon vingt bâtiments de guerre et en ont emmené quinze. Puis, si Toulon est repris, Mayence et Valenciennes ne le sont pas ; les Vendéens donnent du fil à retordre à la Convention. L'armée républicaine a gagné la bataille de Wattignies ; mais où est Wattignies ? En France.

je crois, du côté de Lille. C'est la route des Flandres, et non celle de Naples. D'un autre côté, j'ai entendu dire que nos alliés les Anglais avaient pris Saint-Domingue.

— Aussi, ne vous dis-je point que ce sont les jacobins de France que je crains, monsieur; ce sont ceux de Naples.

— Eh bien, mais ceux de Naples, chère maîtresse, vous avez Medici pour les faire arrêter; vous avez Vanni, Guidobaldi et Castelcicala pour les juger; vous avez maestro Donato pour les pendre. Je vous les abandonne, faites-en ce que vous voudrez. Je tiendrais seulement à garder Cottugno, qui est bon médecin et qui connaît mon tempérament; mais tout le reste, vos savants, vos hommes de loi, vos nobles, vos Conforti, vos Pagano, vos Caraffa, je n'en donnerais pas une prise de ce bon tabac d'Espagne que mon frère Charles IV m'envoie... A propos, vous savez une nouvelle : c'est que j'ai comparé mon journal de chasse au sien, et que j'ai tué, de janvier dernier à aujourd'hui, c'est-à-dire en un an moins quelques jours, un tiers de plus que lui.

— Je vous en fais mon compliment bien sincère, dit la reine en haussant les épaules; c'est une occupation pleine d'intérêt, dans les circonstances où nous sommes, que de chasser du matin au soir.

— Madame, quand je n'eusse point chassé, croyez-vous que cela eût empêché les révolutionnaires de prendre Toulon ?

— En vérité, monsieur, dit Caroline avec mépris, je ne sais si vous êtes plus philosophe que logicien, ou plus logicien que philosophe; je vous conseille donc de vous livrer à l'une ou l'autre de ces deux sciences, à toutes les deux même si vous voulez, tandis que, moi, je profiterai de la permission que vous me donnez d'utiliser les talents de Medici, de Vanni, de Guidobaldi, de Castelciala et de maître Donato. Allez, monsieur! n'oubliez pas votre poignard, gardez-le à la portée de la vue, méditez la légende qui l'entourait, et cela vous fera venir de salutaires pensées. Chassez-vous aujourd'hui ?

— Non, madame, je pêche.

— Ah! en effet, le moment est bien choisi! Allez pêcher, monsieur! allez pêcher! et, en revenant, vous me donnerez des nouvelles de vos vaisseaux.

Le roi, qui était déjà levé et avait déjà fait un pas vers la porte, s'arrêta.

— Vous avez raison, dit-il; je vais contremander la pêche. Je me contenterai, aujourd'hui, de tirer quelques faisans à Capodimonte.

Et il sortit.

Caroline fit appeler le général Acton, et il fut convenu :

Que, le jour même, on décréterait l'aliénation, au profit du Trésor, d'un grand nombre de propriétés ecclésiastiques;

Que Naples serait frappée d'une contribution extraordinaire de cent mille ducats au moins; la noblesse, de cent vingt mille;

Que les églises, les monastères, les chapelles donneraient ceux de leurs vases d'or et d'argent qui ne leur étaient pas d'absolue nécessité;

Que les citoyens vendraient leurs joyaux et leurs objets précieux, en verseraient le prix au Trésor, et, en échange, recevraient des bons de la Banque payables à une certaine époque;

Enfin, que, sans s'inquiéter des clameurs que la chose pourrait exciter, le gouvernement s'emparerait des banques publiques.

Deux cent cinquante millions furent le résultat de ce coup de filet.

En outre, la junte d'État reçut, de la reine même, l'ordre de commencer ses fonctions, qu'elle commença, en effet, en arrêtant une centaine de personnes sur les indications de Marie-Caroline.

LXIII

Disons un mot du premier criminel, ou plutôt du premier innocent qui ouvrit à tant de victimes la voie sanglante de l'échafaud et du gibet.

Comme la reine se trouvait à Naples pour la solennité de Pâques, qu'elle ne manquait jamais de célébrer, nous entendîmes raconter que l'église del Carmine, l'une des plus révérées de Naples, venait d'être souillée par une effroyable impiété.

Il faut que je dise d'abord ce que c'est que l'église del Carmine.

L'église del Carmine fut fondée par la reine Élisabeth, mère du jeune Conradin. Elle venait, avec un navire chargé d'or, pour racheter son fils des mains du duc d'Anjou, ou plutôt du roi de Naples; elle arriva trop tard! L'or qui devait racheter le malheureux enfant fut employé à bâtir une chapelle dans laquelle furent enterrés ses restes et ceux du duc d'Autriche, son ami, qui, ne pouvant vivre sans lui, voulut mourir avec lui.

En 1438, René d'Anjou, faisant le siége de Naples,

un boulet tiré par lui menaça la tête du grand crucifix de bois qui surmontait l'autel sous lequel était
enterré Conradin ; le crucifix inclina la tête sur l'é-
paule droite, de telle façon que le boulet passa sans la
toucher, et alla s'enfoncer dans la muraille.

Ce crucifix avait déjà une grande réputation de
sainteté : par un miracle tout particulier du ciel, les
cheveux poussent sur sa tête comme sur un crâne vivant, et, tous les ans, au saint jour de Pâques, le syndic
de Naples coupe ces cheveux avec des ciseaux d'or,
et, après avoir fait la part du roi, de la reine et du
prince royal, distribue le reste aux fidèles.

C'est dans le cloître de cette même église que fut,
en 1647, assassiné Masaniello.

Donc, à cause de toutes ces traditions, moitié his-
toriques, moitié religieuses, l'église del Carmine, qui
touche aux Vieux-Marché, c'est-à-dire au quartier le
plus populeux de Naples, est en grande vénération,
non-seulement parmi les lazzaroni, mais encore dans
toutes les classes de la société.

— Or, justement le dimanche de Pâques 1794, au
moment où le prêtre levait l'hostie, d'abominables
blasphèmes se firent entendre, et un homme pâle,
les cheveux hérissés, le front couvert de sueur, l'é-
cume à la bouche, ouvrit la foule en la battant de
ses deux bras, s'élança vers l'autel, et, frappant le

prêtre à la joue, lui arracha l'hostie des mains et la foula aux pieds.

Au moyen âge, on eût dit que cet homme était possédé, et on l'eût exorcisé.

Au XVIII⁰ siècle, on le considéra comme blasphémateur et impie, propagateur des principes sacriléges de la France, et on lui fit son procès.

Ce ne fut pas long. Le coupable non seulement ne nia rien, n'excusa rien, mais, en face des juges, il nia Dieu, nia Jésus, nia la Vierge.

Il se nommait Tommaso; il était de Messine; il avait trente-sept ans, trois frères, une sœur, plus de père ni de mère, et n'avait point de domicile connu.

Telle fut, au moins, sa déclaration.

Le clergé tira grand parti de cet événement. Il dit que cet homme représentait l'impiété du temps et était un vivant symbole de la corruption où les principes révolutionnaires avaient poussé la société.

Quant aux juges, ils crurent ne pouvoir trop exprimer l'horreur que leur causait un pareil crime; ils condamnèrent le coupable non-seulement à être pendu, mais encore à marcher au gibet avec un bâillon à la bouche, de peur que les blasphèmes que ferait entendre le patient à sa dernière heure ne scandalisassent la conscience des bons chrétiens.

En outre, pendant les trois jours précédant l'exécution, des prières publiques devaient être faites dans toutes les églises pour l'expiation de ce crime.

Deux juges seulement, le président Cito et le conseiller Potenza, se prononcèrent contre la peine de mort et demandèrent que l'on renfermât Tommaso Amato dans un hôpital.

Le samedi 17 mai fut le jour fixé pour l'exécution.

On promena le condamné dans toutes les rues de Naples, excepté dans celles qui avoisinent le palais royal, parce que, dans quelqu'une de ces rues, il eût pu rencontrer le roi, et que cette rencontre l'eût sauvé. Le clergé voulait faire voir à tout Naples ce que c'était qu'un blasphémateur.

Enfin, on ramena le patient à la place du Marché, où l'exécution devait avoir lieu. Il était accompagné des *bianchi*, c'est-à-dire des membres de cette confrérie qui jouit du triste privilége de soutenir moralement et physiquement les condamnés à leur dernière heure, et des dix ou douze autres confréries de toutes les couleurs qui existent dans la ville de Naples.

Malgré cette longue et fatigante promenade, une espèce d'exaltation fiévreuse soutenait le condamné, monta l'échelle d'un pas aussi résolu que s'il ignoré que chacun des degrés le conduisait à la mort; puis, l'exécution terminée, le corps fut jeté dans un bûcher, et les cendres de ce bûcher, auxquelles les siennes étaient mêlées, furent lancées aux quatre vents.

Le soir même du jour où cette exécution terrible avait rempli Naples d'épouvante, arriva une lettre du général Danero, gouverneur de Messine, qui réclamait, comme s'étant enfui de l'hôpital de Messine, un malheureux fou nommé Tommaso Amato.

Quelque secrète que fût tenue cette lettre, elle transpira cependant, et Naples sut — chose que les jacobins se hâtèrent de répandre — que les juges avaient pris l'exaltation d'un fou pour l'impiété d'un athée.

Cette erreur, qui eût dû calmer l'ardeur des juges, sembla, au contraire, la redoubler. Ils arrêtèrent que les séances du tribunal auraient lieu sans désemparer, excepté pour les repas et le sommeil.

Ce fut vers ce même temps que, voulant venger sa défaite de Toulon, l'Angleterre décida l'expédition contre la Corse. Le cabinet de Saint-James avait depuis longtemps pratiqué Paoli et savait qu'il pouvait compter sur cet homme, que ses compatriotes regardaient alors comme le plus grand homme qu'eût produit leur pays.

La reine fut prévenue de ce projet par sir William Hamilton, ou plutôt par moi. Il s'agissait d'obtenir d'elle — et la chose n'était pas difficile — qu'elle réunit, selon les termes du traité signé entre la Grande-Bretagne et le royaume des Deux-Siciles, ses troupes à celles de l'Angleterre. Le roi fit alors courir le bruit qu'il avait, pour cette expédition, donné dix millions sur sa cassette particulière, et la reine se montra aux promenades et au spectacle avec de faux diamants, disant qu'elle avait sacrifié les vrais aux besoins de l'État.

Nelson fut chargé de faire le siège de Calvi. Un boulet, en frappant le sol à quelques pas de lui, fit jaillir une grêle de cailloux ; un de ces cailloux l'atteignit à l'œil gauche et le lui creva.

Si l'on veut connaître la trempe dont était faite le cœur de ce rude marin, que le canon de la France démembra peu à peu jusqu'à ce qu'enfin il l'eût, en échange de deux flottes détruites, foudroyé à Trafalgar, il faut lire la lettre qu'il écrivait à l'amiral Hood, le jour même où il recevait cette terrible blessure.

« Mon cher lord,

» Les rapports qui vous sont parvenus sur la bataille ne vous ont probablement pas entretenu d'une chose en elle-même assez peu importante. Il s'agit d'une légère blessure que j'ai reçue ce matin ; légère, vous le voyez, puisqu'elle ne m'empêche pas de vous écrire ce soir.

» Croyez-moi, avec l'estime la plus sincère, votre très-fidèle,

» HORACE NELSON. »

Nous apprîmes, sir William et moi, cette nouvelle au point de vue de *légère blessure*, sans nous douter que cette légère blessure était l'arrachement d'un œil.

La reine, qui était loin de prévoir quels services lui rendrait Nelson quelques années plus tard, prit cependant un certain intérêt à l'événement. Quant au roi, apprenant que Nelson avait perdu un œil :

— Lequel ? demanda-t-il.

— Le gauche, sire, lui répondit-on.

— Bon ! fit-il, cela ne l'empêchera point de chasser.

Depuis que j'étais à Naples, j'avais désiré voir une éruption du Vésuve, et j'avais, en riant, prié sir William, vu son intimité avec le volcan, de lui commander pour moi quelque bon petit tremblement de terre.

Je fus servie à souhait.

Le 12 juin au soir, sir William rentra vers onze

heures, et, comme j'étais encore chez la reine, il vint m'y prendre.

— Madame, me dit-il, après avoir salué Leurs Majestés, j'arrive de l'Observatoire. Vous avez désiré une éruption accompagnée de tremblement de terre : si j'en crois le pendule, vous allez en voir une, et des plus belles !

— Bon ! s'écria le roi, il ne nous manquerait plus que cela !

— Monsieur, dit la reine, il y a des moments où la nature semble prendre sa part des événements humains, et entrer dans les colères privées. Vous savez les présages qui précédèrent la mort de César.

— Ma foi, non, madame. J'ai entendu parler un jour, par sir William, de quelque chose comme d'une comète ; mais les comètes me sont assez indifférentes, tandis que les tremblements de terre me font peur, d'abord, à moi personnellement, comme tous les dangers dont je ne comprends point parfaitement la cause, et ensuite me ruinent en frais de reconstruction... Vous rappelez-vous ce que m'a coûté celui de 1783 ?

— J'espère que, le cas échéant, répliqua la reine, vous ne ferez pas les mêmes folies pour celui-ci ; nous pouvons, à l'heure qu'il est, faire un meilleur usage de notre argent que de l'employer à rebâtir les cabanes de vos Calabrais.

— Peut-être vaudrait-il mieux le mettre à cela que de le dépenser à faire la guerre à la France; c'est un rude volcan que celui-là, madame! qui renverse, non pas les cabanes, mais les palais.

— N'avez-vous pas peur que les jacobins de Paris ne vous prennent Portici et Caserte?

— Eh! eh!

La reine haussa les épaules.

— Dites ce que vous voudrez, madame, continua Ferdinand, j'ai plus peur des jacobins de Paris que de ceux de Naples. Eh! je connais mon Naples, que diable! J'y suis né, et, avec trois F, j'en fais ce que je veux.

— Et quels sont ces trois F? demandai-je en riant au roi.

— Comment! ma chère, dit la reine, vous ne connaissez pas l'axiome favori de Sa Majesté?

— Non, madame.

— Avec trois F, on gouverne Naples : *Forca, Festa, Farina.*

— Est-ce votre avis, madame? demandai-je en riant.

— Mon avis est que c'est trop de deux, et que *Forca* est bien suffisant.

— En attendant, dit le roi ; nous allons avoir un tremblement de terre ; c'est votre avis du moins, sir William ?

— J'en ai peur.

Le roi sonna, un huissier parut à la porte.

— Faites mettre les chevaux à la voiture, dit le roi.

— Où allez-vous donc ? demanda Caroline.

— A Caserte, dit Ferdinand. Et vous ?

— Moi, je reste ici.

— Et vous, madame ? me demanda le roi.

— Si la reine reste, je resterai, répondis-je.

— Et vous, sir William ?

— Sire, je ne suis pas fâché d'étudier de près ce phénomène.

— Étudiez, mon cher ami ! étudiez ! Par bonheur, vous n'êtes point gras ni asthmatique comme ce savant romain qui a été étouffé à Stabia... Comment l'appelez-vous ?

— Pline, sire.

— Pline, c'est cela ! Hein ! dites que je ne sais pas mon antiquité, madame ?

— Ah ! monsieur, qui a jamais pu vous reprocher une pareille chose ? Quand on a eu pour professeur le duc de San-Nicandro, on sait tout.

— Eh ! madame, dit le roi, c'est déjà savoir beaucoup que de savoir qu'on ne sait rien. C'est pour cela qu'ayant l'instinct à défaut de l'intelligence, je me sauve! Bien du plaisir, mesdames! Bien du plaisir, sir William!

Et, comme l'huissier reparaissait pour annoncer que la voiture était attelée :

— Me voilà! dit le roi en se précipitant hors de la chambre.

Et, un instant après, nous entèndîmes le roulement de la voiture qui emportait Sa Majesté loin de Naples.

LXIV

Marie-Caroline était naturellement vaillante et hasardeuse; elle aimait surtout, quand le roi donnait une preuve de lâcheté, à donner, elle, une preuve de courage. Quoique l'atmosphère fût lourde, quoique le sirocco, ce vent que tout Napolitain regarde comme son ennemi personnel, soufflàt avec violence, elle me proposa, ainsi qu'à sir William, de monter en voiture et d'aller pour ainsi dire au-devant du danger, en poussant par la Marine jusqu'au pont de la Madeleine.

Sir William avait le froid courage d'un vrai gentleman anglais, et, lorsqu'il s'agissait de science, il poussait ce courage jusqu'à la témérité. Il accepta donc avec joie.

Sans partager en rien l'enthousiasme scientifique de mon mari, sans avoir ce capricieux désir d'aventures qui agitait le cœur de la reine, je ne pouvais, quand tous deux allaient chercher un danger peut-être imaginaire, refuser de partager les chances de ce danger. J'eusse mieux aimé, sans doute, rester et attendre l'événement; mais, poussée par la honte, je m'offris à mon tour à aller au-devant de lui.

A minuit sonnant, nous montions en voiture sous la voûte du palais.

— Au pont de la Madeleine! cria la reine.

Le cocher obéit, traversa le largo del Castello, et, avant que les douze coups eussent cessé de tinter, nous étions au môle.

Le vent d'Afrique était complétement tombé; le peu d'air que l'on respirât était imprégné de soufre, et, malgré le roulement de la voiture, on entendait cette rumeur souterraine qui précède les grandes catastrophes volcaniques et qui inspire à toute la nature un vague sentiment du danger avant même que le danger existe.

La mer s'agitait, non point par de larges bandes

de houle ou par des vagues roulant les unes sur les
autres, comme c'est sa coutume aux jours de tempête, mais en bouillonnant comme fait une chau-
dière placée sur le feu, et que le bouillonnement
monte du fond à la surface. Ce clapotement faisait
du golfe tout entier, étincelant de phosphore, une
vaste nappe de feu.

La lune nageait dans une vapeur livide; à onze
heures, elle s'était levée derrière le volcan, et, à
peine au deuxième ou troisième jour de sa décrois-
sance, elle semblait, montant au-dessus du cratère,
une bombe immense lancée en l'air par un mons-
trueux mortier.

Toute cette misérable population du *basso porto*
était rentrée dans les tanières qu'elle semble s'être
creusées à la base des maisons; troublant seuls la
solitude des ruelles étroites et sombres qui débou-
chent sur les quais, quelques chiens, errants et inquiets, se roidissaient sur leurs quatre pattes comme
s'ils eussent senti déjà trembler la terre sous eux,
et hurlaient lamentablement à la lune.

Je pris la main de la reine.

— Qu'avez-vous? dit-elle. Votre main est glacée!

— J'ai peur, lui dis-je.

— Rassurez donc votre femme, milord, dit la
reine; car autrement elle va se trouver mal.

En ce moment, un homme enveloppé d'un manteau, malgré la chaleur accablante qu'il faisait, s'arrêta et regarda avec étonnement passer la voiture. Et en effet, quoique sir William fût avec nous, ce n'était point l'heure où les femmes ont l'habitude de se promener, et surtout dans un tel quartier.

— Reine Caroline, dit cet homme, vous tentez Dieu !

Et il s'enfonça dans une petite ruelle voûtée qui s'appelle *via dei Sospiri-del-Abisso*, c'est-à-dire rue des Soupirs-de-l'Abîme, parce que les condamnés marchent à la mort par cette rue, et, de cette rue, aperçoivent pour la première fois l'échafaud.

— Oh ! mon Dieu, madame ! m'écriai-je, qu'est-ce que c'est que cela ?

— Quelque jacobin oublié par Vanni, murmura la reine, et qui me menace, ne pouvant faire mieux.

Nous arrivâmes au pont de la Madeleine ; mais, à la hauteur de la statue de saint Janvier, les chevaux refusèrent absolument de marcher.

Le cocher les fouetta inutilement ; ils s'entêtèrent, se cabrèrent, s'acculèrent au parapet du pont.

— Madame ! madame ! dis-je en saisissant la main de la reine, cet homme n'était pas un ennemi, c'était bien plutôt un ami... N'allez pas plus loin ! ne tentez pas Dieu !

— Qu'ont donc tes chevaux, Gaetano? demanda la reine.

— Je ne saurais dire, madame, fit le cocher, mais ils ne veulent absolument pas dépasser la statue de saint Janvier.

— Y a-t-il sur la route quelqu'un ou quelque chose qui puisse les effrayer?

— Je ne vois rien, madame; mais les animaux voient quelquefois des choses que les hommes ne voient pas.

— Entendez-vous ce que dit cet imbécile? demanda la reine à sir William.

— Madame, répondit celui-ci, votre cocher constate, sans l'expliquer, un des problèmes de la nature. Il est reconnu jusqu'à l'évidence que, dans les éclipses, dans les tremblements de terre, enfin dans tous les grands cataclysmes de la nature, les animaux sont avertis par leur instinct avant que l'homme soit averti par sa raison. Selon toute probabilité, la montagne ne tardera pas à nous donner de ses nouvelles.

Et, en effet, comme si le Vésuve n'eût attendu que ce moment pour entrer en fureur, un mugissement terrible se fit entendre, sortant des profondeurs de la terre, et une secousse violente fit rouler la voiture en arrière.

Les chevaux hennirent, et, sans faire aucun mouvement, se couvrirent de sueur, comme la mer se couvre d'écume.

— Madame! madame! s'écria le cocher, je le disais bien que mes chevaux voyaient quelque chose que je ne voyais pas... Tenez! tenez!

Et il montra du doigt la cime de la montagne.

Une fumée noire et épaisse commençait à sortir du cratère, s'élevant verticalement comme une immense tour. Cette fumée était lézardée d'éclairs, suivis chacun de détonations pareilles à celles de batteries de cent canons.

La reine prit ma main et la serra à son tour: ce cœur de bronze commençait à sentir la crainte. Quant à moi, j'étais près de m'évanouir. Sir William était dans l'enthousiasme.

— Si Sa Majesté veut absolument rester ici, dit Gaetano d'une voix tremblante, je la prie instamment de descendre; dans un instant, je ne réponds plus de mes chevaux.

En ce moment, une détonation effroyable se fit entendre; nous éprouvâmes une secousse violente, et il me sembla voir tout osciller autour de moi.

— Madame, au nom du ciel, m'écriai-je, rentrons! rentrons!

Mais la reine n'eut point la peine d'en donner

l'ordre; les chevaux, d'un mouvement qui força la main du cocher, tournèrent sur eux-mêmes; puis, sans qu'on pût les arrêter, descendirent la pente du pont dans une course effrénée, et s'élancèrent sur la Marina.

— Madame! madame! cria le cocher en se roidissant vainement, je ne suis plus maître de mes chevaux.

— Eh bien, à la garde de Dieu! dit la reine.

Une nouvelle détonation, plus effrayante que toutes celles qui avaient précédé, se fit entendre; je sentis un frisson me courir dans les veines et je m'évanouis de terreur.

Quand je rouvris les yeux, la voiture était arrêtée; Gaetano, à la tête de ses chevaux, les maintenait par le mors, et nous étions en face de cette ruelle *dei Sospiri-del-Abisso.*

Au moment où la voiture allait se briser à l'angle du quai, le même homme qui avait crié à la reine de ne pas tenter Dieu, s'était élancé à la bride des chevaux, et, au risque d'être écrasé par eux, les avait, avec une force surhumaine, arrêtés court.

La secousse avait été si violente, que Gaetano avait été précipité à bas de son siége; mais il s'était relevé aussitôt et avait saisi les chevaux au mors.

L'inconnu, le voyant maître de son attelage, s'était éloigné et avait disparu.

Je n'avais rien vu. Je me réveillai comme d'un songe. La reine me faisait respirer un flacon de sels.

— Ah! grâce à Dieu, m'écriai-je en revenant à moi, il n'est point arrivé malheur à Votre Majesté!

Et je me jetai dans ses bras, la couvrant à la fois de larmes et de baisers.

C'était une chose étrange, mais la reine avait sur moi le pouvoir que le magnétiseur a, dit-on, sur le magnétisé; quand j'étais près d'elle, mon âme semblait constamment aspirer à sortir de mon corps pour se réunir à la sienne.

Gaetano remonta sur son siége; les chevaux semblaient s'être calmés comme par enchantement; ils nous ramenèrent sans accident au palais.

J'étais brisée; la reine exigea que je rentrasse dans ma chambre, qui était contiguë à la sienne, et que je me misse au lit.

Sir William demanda la permission de monter sur la terrasse du palais pour mieux observer les phénomènes du volcan. Je crois que, pour résoudre un problème géologique, il se fût, comme Empédocle, lancé dans le cratère en laissant sa pantoufle sur le sommet de la montagne.

Je ne vis plus rien; mais voici ce que l'on me raconta :

Les secousses se succédèrent avec rapidité, en s'étendant particulièrement du nord au midi, c'est-à-dire de Portici à Torre-del-Annunziata.

Naples, comme toujours, fut épargnée.

Vers les trois heures du matin, la route longeant le pied du Vésuve se couvrit de fugitifs qui se dirigeaient vers Naples, abandonnant leurs habitations, et, comme derrière un rempart, venant chercher un abri derrière le pont de la Madeleine, ou plutôt derrière la statue de saint Janvier, qui, du point culminant de ce pont, protége la ville.

Le soleil s'était levé brillant et dans un ciel pur; mais la colonne de fumée et de cendre qui sortait du Vésuve s'était bientôt étendue sur tout le firmament; les eaux, qui ne sont que le miroir du ciel, s'étaient couvertes d'une teinte grise, et le jour avait peu à peu disparu comme dans une éclipse.

Quand je me levai, quoiqu'il fût dix heures du matin, on eût juré qu'il était huit heures du soir.

A partir de ce moment jusqu'au surlendemain, c'est-à-dire du 13 au 15 juin, le soleil ne se montra plus; les mugissements de la montagne redoublèrent et l'obscurité devint de plus en plus épaisse.

Le lendemain, 14, si les pendules n'eussent point

marqué le cours du temps, il eût été impossible de dire si l'on était au matin, au soir ou dans la nuit. Les ténèbres était si profondes, qu'à Chiaïa et à Toledo, c'est-à-dire dans les deux plus grandes rues de Naples, on se fût cru dans une chambre obscure.

Le cardinal-archevêque, accompagné du clergé de toute la ville, vint prendre à la cathédrale le buste de vermeil de saint Janvier, et, suivi de toute la noblesse disant des prières, de tout le peuple chantant des hymnes, il se rendit au pont de la Madeleine, invoquant la protection du saint protecteur de la ville.

La reine alla entendre la messe qui précéda cette cérémonie ; mais, comme protestante, je ne pus l'y accompagner : le peuple, en voyant une hérétique dans une église, eût été capable de m'attribuer la catastrophe et de me mettre en pièces.

L'archevêque, la noblesse, le peuple restèrent en prières sur le pont depuis deux heures de l'après-dinée jusqu'à la nuit ; quand je dis la nuit, je dis mal : il n'y avait ni jour ni nuit ; les cloches seules, sonnant l'*Ave Maria*, signalaient le retour des ténèbres.

Pendant la nuit du 15 au 16, un bruit semblable à celui d'une poudrière qui eût sauté, attira les regards de tout le monde ; car toute la population de Naples était dans les rues : les plus effrayés couchés la face contre terre, les autres, les moins effrayés, à genoux ou tout au moins inclinés sous le poids de l'événement.

Un immense gerbe de feu s'élança du cratère, monta dans le ciel et retomba en débris enflammés sur la pente de la montagne ; alors sortit du sommet un double fleuve de feu, dont une des branches prit son cours vers Resina, l'autre vers Torre-del-Greco.

Trente mille personnes, hommes, femmes et enfants, frappés de stupeur, suivaient des yeux ce double torrent de lave.

Toute la plaine qui s'étendait entre le volcan et Resina, toutes les maisons de campagne qui s'élevaient dans cette plaine furent couvertes de laves ; mais la terrible inondation, comme à un commandement surhumain, s'était arrêtée aux portes de Resina.

Par malheur, il n'en fut point de même à Torre-del-Greco. Une ancienne inondation avait couvert la moitié de la ville, puis, s'arrêtant tout à coup, avait formé un sombre écueil qui dominait de près de cent mètres la partie de la cité épargnée par le fléau.

Sur cet écueil, comme sur une autre roche Tarpéienne, une nouvelle ville s'était élevée, et, entre

la nouvelle et l'ancienne, une communication s'était
établie au moyen d'un escalier taillé dans la lave.

Cette fois, ville vieille et ville neuve, tout fut en-
vahi, submergé; l'inondation volcanique coupa la
ville neuve à sa base, et, du haut de l'écueil, la précipita avec elle, cataracte de feu, sur la ville vieille, que
la lave engloutit et combla jusqu'au niveau des plus
hautes maisons et du clocher de l'église; puis le torrent, entraînant avec lui les débris des deux villes,
roula vers la mer et alla former un môle derrière
lequel les bâtiments purent trouver un abri.

Tout cela se passa pendant la nuit du 15 au 16,
comme si la terreur de la catastrophe, pour arriver
à son comble, avait besoin de la terreur qu'inspirent
les ténèbres.

Le matin du 16, le soleil, que l'on n'avait pas vu
depuis trois jours, reparut dans un ciel pur; une
portion du Vésuve avait été engloutie par le Vésuve
lui-même; la partie la plus élevée de la montagne
s'était écroulée dans le cratère, et, se précipitant
d'une hauteur de plus de mille mètres, l'avait com-
blé, puis, en le comblant, en avait, avec un bruit
effroyable, fait jaillir ce splendide bouquet de
flamme, lequel avait éclairé la mer à dix lieues à la
ronde et fait déborder ces deux fleuves de lave qui
avaient inondé la campagne, laissant, par cette

chute, la royauté de l'air au cône jusqu'alors le moins élevé.

Pendant ces heures de deuil et d'effroi, tout fut suspendu à Naples, excepté les travaux lugubres de la junte d'État; car quelques-uns des actes émanés d'elle datent des trois jours de l'éruption. La colère de Dieu n'avait point apaisé celle des rois!

Le lendemain de cette nuit où les chevaux, en s'emportant, avaient compromis la vie de la reine et la nôtre, et où nous avions été sauvés tous par l'intervention miraculeuse du mystérieux inconnu, la reine avait fait venir le chef de sa police, et lui avait enjoint de faire les recherches les plus minutieuses pour découvrir son sauveur; mais tout fut inutile, et, quoique le chef de la police eût mis en campagne ses agents les plus adroits, aucune main ne fut assez habile pour soulever le voile qui couvrait cet étrange événement.

Le roi écrivit le 15 que, le temps s'étant rasséréné, il chasserait dans la journée du 17 et ne reviendrait, par conséquent, que le 18.

De ce qui avait pu arriver à Naples ou dans ses environs, il ne disait pas un mot. Il ne lui était rien arrivé, à lui : voilà tout ce qui lui importait.

LXV

J'ai, en quelques mots, raconté la condamnation et la mort de Tommaso Amato, une des premières victimes de la junte, et dont le procès prévalut à cause de l'urgence, les crimes de lèse-divinité devant avoir le pas sur les crimes de lèse-royauté.

Les arrestations avaient commencé aussitôt après le départ de l'amiral de Latouche-Tréville. Il y avait donc bientôt quatre ans que quelques-uns des accusés étaient en prison.

Ces accusés étaient au nombre de cinquante. Le procureur fiscal Basilio Palmieri avait dit, au commencement de la procédure, qu'il avait des preuves contre vingt mille personnes.

En attendant, il avait conclu à la peine de mort contre trente des accusés, avec application préventive de la torture.

Mais le tribunal se contenta d'en condamner trois à la peine capitale ; trois, aux galères ; treize, à des peines moindres. Le reste fut mis en liberté.

Le chef de la conjuration était un certain Pietro di Falco. Il fit des confessions, révéla le plan des conjurés ; mais, je dois le dire, jamais ces confessions ne furent rendues publiques, et le dénonciateur fut envoyé à l'île de Tremiti sans avoir été confronté avec ses coaccusés.

Le choix des juges en faveur de la mort était étrange ; on eût dit qu'ils avaient voulu faire un holocauste qui fût agréable à la pâle déesse.

Les trois condamnés étaient trois jeunes gens, presque trois enfants, appartenant à la classe aristocratique, encore écoliers par l'âge, ignorants du monde, dans lequel ils n'avaient pas eu le temps d'entrer, et connus seulement de leurs condisciples par leurs triomphes de collège.

L'âge de tous trois ne faisait pas l'âge d'un vieillard.

L'aîné se nommait Vicenzo Vitagliano, et avait vingt-deux ans ; le second se nommait Emmanuele de Deo, et en avait vingt ; le troisième Vicenzo Gagliani, et en avait dix-neuf.

Ce fut un cri de pitié par toute la ville lorsqu'on y connut le choix fatal fait par la junte, et que l'on apprit que ce choix était tombé sur trois jeunes gens dont le seul crime, a dit un historien contemporain, était d'avoir *parlé de choses sur lesquelles il eût mieux culu se taire, et d'avoir applaudi ce qui avait besoin d'être examiné.*

Leur grand crime était de s'être fait couper les cheveux et d'avoir, les premiers, adopté la mode introduite en France par l'acteur Talma, lors de cette première représentation de *Titus* que j'ai racontée.

Je l'avoue, lorsque l'on m'annonça cette nouvelle, lorsque l'on me dit l'âge des condamnés, qu'on me fit connaître qui ils étaient, que l'on m'expliqua qu'il était impossible qu'ils eussent conspiré sérieusement, je fus prise d'une grande pitié pour ces trois arbrisseaux qui allaient être fauchés par la racine sans avoir eu le temps de porter leurs fruits.

Je courus chez la reine; elle me reçut le visage sévère et le sourcil froncé.

— Viens-tu aussi me parler pour eux? me demanda-elle.

— Et si je venais vous parler pour eux, madame, refuseriez-vous de m'écouter?

— Oui; car je suis décidée à laisser la justice suivre son cours, et ta prière ne serait qu'une importunité inutile.

— Oh! madame, lui dis-je en joignant les mains, si jeune et si peu dangereux!

— Ce ne sont pas, en effet, de ceux-là qu'indiquait Tarquin au messager de son fils, et c'étaient les plus haut pavots du jardin qui tombaient sous sa baguette.

— Oh! madame, vous en convenez vous-même.

— Il y a des moments, vois-tu, où je me demande si ces misérables juges ont choisi ces trois enfants-là par bêtise ou par trahison; mais, je te l'avoue, je penche pour la trahison.

Je la regardai avec étonnement.

— Tu ne comprends donc pas? Si je fais grâce à ceux-là, je suis obligée désormais de faire grâce à tous, car tous se croiront ou plutôt se diront aussi innocents que ceux-là. Si je les laisse exécuter, on criera à la cruauté, au cannibalisme; tous les pères me prendront en haine, toutes les mères me maudiront; il n'y aura pas une mère ayant un fils de vingt ans qui ne serre ce fils dans ses bras en disant : « Dieu te garde de la reine étrangère, de l'Autrichienne! » comme on appelait ma sœur !

— Ah ! madame, vous voyez bien que vous hésitez ! m'écriai-je; et, si vous hésitez, c'est que les juges ont eu tort.

— La justice ne peut jamais avoir tort, Emma. La justice aura donc son cours.

Je poussai un soupir et penchai ma tête sur ma poitrine, en prononçant quelques paroles à voix basse.

— Que murmures-tu à part toi? demanda Caroline.

— Je remercie Dieu de n'être pas reine, madame, lui répondis-je.

Il se fit un moment de silence que la reine interrompit la première.

— D'ailleurs, dit-elle, la sentence a été portée ce matin ; nous avons donc trois jours devant nous pour prendre une résolution... Tu resteras ici ce soir ; la nuit porte conseil.

En ce moment, le roi entra ; il me salua, selon son habitude, avec beaucoup de courtoisie, me faisant signe de me rasseoir et s'asseyant lui-même près de sa femme.

—Ma chère maîtresse, lui dit-il, je vous préviens que je m'absente pour trois ou quatre jours.

— Et où allez-vous?

— Je vais chasser à Persano.

— Avez-vous eu l'avis qu'un nouveau tremblement de terre allait avoir lieu?

— Non ; car, dans ce cas, je n'irais pas du côté de Salerne : j'irais du côté de Capoue. Vous comprenez bien que le Vésuve et l'Etna n'ont jamais pris au sérieux la séparation du détroit de Messine, que vous m'avez raconté avoir un jour été causée par un tremblement de terre ; ils correspondent toujours entre eux par des ramifications souterraines, et, quand ils ont quelque chose à se dire, il n'est pas bon de se trouver sur leur route... Non, ce n'est pas d'un tremblement de terre que j'ai peur dans ce moment-ci.

— Et de quoi avez-vous peur?

— Oh! vous vous en doutez bien.

— Ne seriez-vous plus si convaincu que vous l'étiez de la vérité de votre axiome et douteriez-vous de l'efficacité d'une de vos trois F?

— Non pas de l'efficacité, mais de l'opportunité.

— Et dans le doute?...

— Je m'absente... Le sage ne donne-t-il pas un avis à peu près pareil?

— C'est-à-dire que vous ne voulez être ou, du moins, paraître pour rien dans ce qui va se passer?

— Ni être ni paraître, madame. Est-ce moi qui ai rassemblé la junte? Est-ce moi qui ai fait revenir de Londres Castelcicala? Est-ce moi qui ai organisé cette fameuse chambre obscure dont on parle tant, et dont, par bonheur, je puis nier l'existence, n'y étant jamais entré et ignorant même jusqu'à l'endroit du palais où elle est située? Non pas; tout cela, c'est votre affaire. Moi, je chasse, je pêche, je me repose à San-Leucio; je suis ce qu'on appelle, historiquement parlant, un roi fainéant. Vous, vous êtes la reine, vous portez le sceptre, vous êtes une Catherine II; on vous appellera un jour la Sémiramis du

Midi, comme on a appelé la tzarine la Sémiramis du Nord, et ce sera fort glorieux pour vous et pour moi; mais, ayant les bénéfices de l'état, il est juste que vous en ayez les charges.

— C'est-à-dire que vous voulez, vis-à-vis de Naples et de l'Europe, me laisser la responsabilité de la mort de ces trois jeunes gens?

— De quels trois jeunes gens parlez-vous?

— De ceux qui ont été condamnés par la junte, ce matin.

— Ah! la junte a condamné trois jeunes gens, ce matin?

— Vous l'ignoriez, peut-être?

— Par ma foi, oui! je jouis d'une si médiocre influence dans le gouvernement, qu'on ne se donne pas la peine de me parler des affaires d'État.

— Assez plaisanter sur ce sujet, monsieur. La chose est grave; parlons-en donc gravement, ou n'en parlons pas.

— N'en parlons pas, je ne demande pas mieux. Vous savez que j'ai l'habitude de ne me mêler que des choses qui me regardent. Je suis venu vous dire que je partais pour Persano, que je comptais y passer quelques jours; ne sachant pas ce que j'étais devenu, vous eussiez pu être inquiète de moi, et je ne veux pas un instant distraire votre esprit des hautes spéculations de la politique pour l'arrêter sur ma chétive personne. Vous me dites qu'il y a trois jeunes gens condamnés à mort? Pauvres jeunes gens! Cela me fait de la peine; mais, que voulez-vous! s'ils sont coupables, s'ils ont conspiré contre vous...

Je pris la parole.

— Et voilà justement, sire, ce qui préoccupe l'excellent cœur de Sa Majesté : c'est qu'elle n'est pas sûre que ces jeunes gens soient coupables, c'est qu'elle a même peur qu'ils ne soient innocents.

— Diable! dans ce cas, ma chère ambassadrice, il ne faudrait pas que la reine les laissât exécuter. La mort de ce fou que l'on a pendu l'autre jour a déjà produit un mauvais effet; la mort de trois innocents serait bien pire! Réfléchissez à cela, madame, réfléchissez-y!

— Mais, monsieur, reprit la reine visiblement impatientée d'avoir le dessous dans une discussion avec son mari, quand je voudrais leur faire grâce, en ai-je le droit? Je ne suis pas le roi, moi.

— Comment, vous n'êtes pas le roi?

— Non, je ne suis que la reine.

— Bon! et c'est à moi que vous dites cela? Ah! pardieu! vous êtes bien le roi. Qu'est-ce que le roi? C'est celui qui préside le conseil. Qu'est-ce que le roi? C'est celui qui donne des ordres aux ministres.

Qu'est-ce que le roi? C'est celui qui déclare la guerre ou qui fait la paix. Où diable avez-vous vu que je m'occupe de ces choses-là? C'est vous qui vous en occupez, madame; c'est donc vous qui, en réalité, êtes le roi.

— Le roi, monsieur, c'est celui qui signe.

— Eh! vous savez bien, madame, que je suis si paresseux, que, pour ne pas même avoir la peine de signer, j'ai fait faire une griffe.

— Qui est enfermée dans une cassette dont vous avez la clef, monsieur.

— C'est justement ce dont je me suis aperçu au moment de partir pour Persano, madame. Je me suis dit, alors, qu'il était absurde, puisque tout était entre vos mains, que cette clef n'y fût pas aussi, et je vous l'apporte.

— Oh! donnez, donnez, sire! m'écriai-je.

Et j'arrachai presque la clef des mains du roi.

— Madame, dit Ferdinand à la reine, qui le regardait d'un air sombre, je vous ferai observer que la signature royale est en ce moment entre les mains de lady Hamilton, et qu'il serait dangereux de l'y laisser : elle n'aurait qu'à vendre à notre alliée l'Angleterre soit Malte, soit la Sicile, dont elle a grande envie, cela serait d'un grand préjudice à notre couronne!

Et, nous saluant, la reine et moi, avec cet air narquois qui n'appartenait qu'à lui, il sortit en faisant le
geste d'un homme qui se lave les mains.

— Oui, je comprends, dit la reine, tu te laves les
mains ! Pilate en a fait autant que toi, et la malédic-
tion de l'histoire ne l'en a pas moins poursuivi depuis
dix-huit siècles... Donne-moi cette clef, Emma. Nous
verrons ce que nous en devons faire !

Je la lui présentai en m'agenouillant.

En ce moment, on annonça que le procureur fiscal
Basilio Palmieri — le même qui disait avoir des
preuves contre vingt mille personnes et qui avait
conclu à la peine de mort contre trente accusés avec
application préventive de la torture — demandait
l'honneur de présenter ses hommages à la reine.

— A merveille ! dit Caroline. S'il ne fût pas venu,
je l'eusse envoyé chercher.

Puis, se retournant vers moi :

— Veux-tu voir le visage d'un plat coquin, Emma?
me demanda-t-elle.

— Je suis prête à rester ou à sortir, selon que
Votre Majesté me l'ordonnera.

— Non, c'est à ta volonté, tu comprends, et selon
que tu te sens le cœur plus ou moins facile à soulever.

— Eh bien, madame, puisque Votre Majesté veut

bien me laisser mon libre arbitre, je prends un tel intérêt à tout ce qui a rapport à nos trois malheureux jeunes gens, que je préfère rester.

— Reste donc, alors.

Et, s'adressant à l'huissier qui avait annoncé la visite du magistrat :

— Faites entrer M. le procureur fiscal Basilio Palmieri, dit la reine.

LXVI

Si jamais figure dénonça son propriétaire pour un plat coquin, comme avait dit la reine, c'était bien la figure de don Basilio Palmieri.

Il entra, courbé jusqu'à terre; s'il eût pu ramper de la porte aux pieds de la reine, il l'eût fait.

La reine le reçut debout.

M. le procureur fiscal essaya d'abord de s'excuser d'avoir si peu obtenu du tribunal; il avait demandé trente têtes : ce n'était point sa faute si on ne lui en avait accordé que trois; il avait demandé la torture : ce n'était point sa faute si on la lui avait refusée.

— C'est bien, monsieur, répondit froidement

Caroline ; vous serez plus heureux une autre fois.

— Je viens mettre mon humble dévouement aux pieds de la reine et demander à Votre Majesté si je puis lui être bon à quelque chose.

— Vous pouvez, me rendre deux services, monsieur, répondit Caroline.

— Moi ! s'écria le procureur fiscal étonné, moi rendre des services à Votre Majesté ? Recevoir vos ordres, madame, voulez-vous dire !

— Vous pouvez continua la reine, me dire quel est celui de vos condamnés qui demeure le plus près du palais royal.

— C'est le jeune Emmanuele de Deo, madame, répondit le procureur fiscal ne comprenant rien à une pareille demande.

— A-t-il son père et sa mère ? reprit la reine.

— Son père seulement.

— Savez-vous son adresse ?

— Oui, madame.

— Donnez-la-moi.

— Giuseppe de Deo, rue Sainte-Brigitte, près du marchand de grains, vers le milieu de la rue.

— Merci, monsieur. Prends cette adresse, Emma.

Je tirai de ma poche de petites tablettes d'ivoire, et j'y écrivis avec empressement l'adresse donnée par le procureur fiscal.

La reine regarda de mon côté jusqu'à ce que l'adresse fût complétement écrite, comme si elle ne voulait reporter ses yeux sur l'homme qu'elle avait devant elle que le plus tard possible.

Enfin, elle revint à lui.

—Maintenant, dit-elle, où vos condamnés sont-ils en prison ?

— A la Vicairie, madame.

—Voici du papier, de l'encre et une plume ; écrivez, monsieur !

La reine montrait au procureur fiscal une table sur laquelle, en effet, étaient réunis tous les objets nommés par elle.

Don Basilio Palmieri, n'osant s'asseoir devant Sa Majesté, mit un genou en terre, et, la plume à la main, se tint prêt à écrire.

— Vous y êtes, monsieur? demanda la reine.

—Oui, madame.

La reine dicta :

« Le geôlier en chef de la Vicairie obéira aveuglément aux ordres que lui donnera la personne par laquelle ce billet lui sera remis... »

— J'ai écrit, madame.

— Eh bien, alors, datez, signez, et prévenez votre geôlier en chef que vous avez donné un ordre pour lui.

— Et dois-je lui dire quelle auguste personne...?

— Vous ne devez rien lui dire, monsieur ; car vous ne connaissez point mes intentions, et je désire que vous ne cherchiez pas à les connaître.

— Sa Majesté a-t-elle d'autres ordres à me donner?

— Aucun, monsieur.

— Alors, j'aurai l'honneur de prendre congé d'elle et de déposer à ses pieds mes respects les plus dévoués.

La reine fit une légère inclination de tête, et le procureur fiscal se retira à reculons.

La porte se referma sur lui.

— Que dois-je faire de cette adresse, madame? demandai-je à la reine.

— Garde-la : lorsque le moment sera venu d'en faire usage, je te renseignerai.

Quant à l'ordre qu'elle s'était fait donner pour le geôlier en chef de la Vicaria, elle le relut pour voir s'il était bien tel qu'elle l'avait dicté ; puis, certaine qu'il n'y avait pas une syllabe de plus, pas une syllabe de moins, elle le plia avec soin et le mit dans un petit portefeuille qu'elle portait d'habitude sur elle.

Je l'avais suivie des yeux dans tous ses mouvements, où je cherchais à lire ses pensées.

— Je vois avec bonheur, madame, lui dis-je, que

le roi n'aura probablement pas pris une précaution inutile en vous laissant la clef du sceau royal.

— Je n'ai rien décidé encore; tout dépendra des condamnés eux-mêmes, répondit la reine. En tout cas, je te réserve un rôle dans le dénoûment quel qu'il soit; apprête-toi donc à le jouer.

— Et quels préparatifs me faut-il faire pour cela?

— Être ici à huit heures du soir, avec une robe et un mantelet noirs.

— Oh! madame le noir est de bien mauvais présage!

— Sois tranquille, c'est seulement pour que nous ne soyons pas vues dans la nuit.

— Nous sortirons donc ensemble cette nuit, madame?

— Peut-être sortirons-nous ensemble, peut-être sortiras-tu seule.

— Que voulez-vous donc faire de moi?

— Ce que Dieu en a fait sans me consulter : une ambassadrice.

Je voulus questionner, mais elle me mit la main sur la bouche.

— Toute chose se fera en son temps, ma belle amie, et je n'aurai pas de mystère pour vous. Ayez donc la patience d'attendre à ce soir.

— Alors, je vous quitte, madame; car je n'aurais
pas le courage de rester près de vous sans vous interroger.

— C'est, en effet, ce que tu peux faire de mieux,
car tu interrogerais inutilement.

— En vérité, vous êtes cruelle aujourd'hui!

— Qu'importe que ma cruauté s'exerce sur toi,
si, grâce à ce paratonnerre, la foudre n'atteint pas
tes protégés!

— Oh! à cette condition, madame, je me livre.
Voilà mon bras, mordez jusqu'au sang.

Elle le prit comme si elle voulait le mordre en effet, mais elle ne le toucha que des lèvres.

— Ma foi, non, dit-elle changeant la morsure
projetée en une caresse, ce serait dommage! D'ailleurs, on ne sait pas si c'est de la chair ou du marbre, et j'aurais peur d'y briser mes dents. Allez! et
ne manquez pas d'être ici ce soir à huit heures précises.

— Oh! soyez tranquille, madame, je ne me ferai
pas attendre.

En effet, à huit heures précises, j'entrais dans la
chambre de la reine, toute vêtue de noir.

Elle m'attendait dans le même costume.

— Oh! me dit-elle en m'apercevant, c'est la première fois que je te vois en noir. Sais-tu que le noir te va à merveille et que tu es belle à ravir !

— Et vous aussi, madame ; mais n'importe, j'aimerais mieux vous voir vêtue autrement : nous avons l'air de deux veuves.

— Veux-tu donc dire que ce serait le plus grand malheur qui pût nous arriver ?

— Quant à moi, oui, je vous jure ! J'aime fort sir William.

— Au point de lui faire élever un tombeau, comme la reine Artémise, répondit en riant la reine, mais pas de te brûler sur son bûcher.

— Je vous jure que, si j'étais née au Malabar...

— Oui, mais tu es née dans le duché de Galles, je crois ; de sorte que je suis tout à fait rassurée. Mais, voyons, il ne s'agit pas de tout cela. Je t'ai dit que tu avais un rôle d'ambassadrice à jouer ce soir : es-tu prête ?

— J'attends les ordres de votre Majesté.

— Tu as l'adresse que t'a donnée don Basilio ?

— Ne l'eussé-je point, je me la rappelle : rue sainte Brigitte, près du marchand de grains, vers le milieu de la rue.

— Et le nom du père du condamné ?

— Giuseppe de Deo.

— Eh bien, tu vas monter dans une voiture sans

armes et sans chiffre, que j'ai fait atteler pour toi; tu prendras Giuseppe de Deo dans ta voiture, et tu l'amèneras ici.

— Comment ! madame, m'écriai-je toute joyeuse, vous voulez voir le père de ce malheureux jeune homme ?

— Oui; c'est une fantaisie qui m'a prise.

— Mais, alors, il est sauvé !

— Pas encore.

— Et c'est moi que vous chargez de l'aller cher-cher ?

— A moins que tu ne refuses.

— Moi, refuser d'être l'ange sauveur d'un malheureux condamné, le messager céleste envoyé à une pauvre famille !

— Eh bien, alors, puisque tu crois ton message un bienfait, ne perds pas de temps à l'accomplir.

— Oh ! j'y cours, madame ! Mon mantelet ! mon mantelet !...

Je l'avais jeté, en entrant dans la chambre, sur un fauteuil.

La reine le prit et me l'ajusta sur les épaules.

— Et maintenant, dit-elle, va, colombe de l'arche, et puisses-tu rapporter le rameau d'olivier !

Je m'élançai par les degrés, légère comme l'oiseau dont la reine m'avait donné le nom, je fis ap-

peler la voiture et je sautai dedans en criant au
cocher :

— Rue Sainte-Brigitte !

LXVII

Il n'y a qu'un pas du palais royal à la rue Sainte-
Brigitte, j'eus donc fait la course en un instant. Je
descendis à l'endroit indiqué. Comme il était huit
heures du soir à peine, la boutique du marchand de
grains était encore ouverte, et je pus faire demander
où demeurait don Giuseppe de Deo.

Le marchand de grains, qui était le fournisseur
des écuries du palais, reconnut le cocher qui lui faisait cette question, et, voyant une dame à la portière
de la voiture, il accourut, soupçonnant quelque
chose de la vérité, et devinant qu'on venait de la
part du roi et de la reine.

On m'avait vue si souvent parcourir les rues de
Naples dans la voiture de Sa Majesté, et assise près
d'elle, que le marchand de grains me reconnut à
mon tour.

— Oh ! milady, me dit-il, celui que vous deman-

dez est en grande douleur en ce moment : son fils a
été, ce matin, condamné à mort par la junte.

— Je le sais, répondis-je, et c'est justement pour
cela que je désire le voir ; et, comme vous êtes son
voisin, je désirerais savoir de vous quelle maison et
à quel étage de cette maison il habite.

— Il demeure dans cette maison, madame, me
dit-il, au troisième étage.

Et, en même temps, il m'indiquait la maison attenante à la sienne.

— Faites ouvrir, dis-je au cocher.

— Mais, continua le marchand de grains, je doute
que vous le trouviez chez lui, madame.

— Où peut-il être ?

— Je l'ai vu sortir.

— A cette heure.

— Oui.

— Sans doute est-il allé solliciter quelque juge ?

— Oh ! madame, à cette heure, aucun juge ne
peut plus rien, ni pour le pauvre père, ni pour le
pauvre enfant !

— Mais, alors, où est-il allé ?

Le marchand me regarda.

— Voulez-vous le voir absolument ? me demanda-t-il.

— Absolument et à l'instant même !

— Est-ce pour son bien ? — Pardon, si je vous interroge, madame ; mais le pauvre père porte déjà un tel fardeau de douleur sur ses vieilles épaules, que, si vous deviez ajouter à ce fardeau la pesanteur d'un grain de blé, ce serait une charité de ne point vous dire où il est.

— Je ne puis rien vous promettre, mais je viens dans une intention de miséricorde.

— Eh bien, alors, descendez, madame, et je vais, — Dieu me pardonne si vous me trompez ! — je vais vous conduire où il est.

Je descendis.

— Avons-nous loin à aller ? demandai-je.

— Nous avons dix pas à faire.

L'homme marcha devant moi, je le suivis. Il s'arrêta, en effet, après une dizaine de pas, à la petite porte de l'église Sainte-Brigitte.

— Ah ! murmurais-je, je comprends pourquoi il n'était point chez lui !

Le marchand de grains frappa à cette petite porte, qui s'ouvrit aussitôt. Une espèce de sacristain nous introduisit dans l'église, sombre, à l'exception d'une chapelle, qui était seule éclairée.

Nous entrâmes. Le marchand de grains me montra un vieillard, non pas agenouillé, mais couché sur les degrés de l'autel, et frappant le marbre de son front.

— Tenez, me dit-il, voilà celui que vous cherchez.

Je le remerciai, il se retira et me laissa seule; mais, à la porte, la curiosité le retint, et il demeura avec l'homme d'Église, regardant ce qui allait se passer.

Je m'approchai sans bruit du vieillard; il priait, et, comme il ne m'avait pas entendue venir, je le touchai à l'épaule; il se redressa sur un genou, une main appuyée au degré de l'autel.

— Qui êtes-vous et que me voulez-vous? demanda-t-il. Êtes-vous l'ange que j'appelais?

— Non, je ne suis pas l'ange que vous appeliez, lui dis-je; mais, pour n'être point un ange, peut-être n'en viens-je pas moins au nom de Dieu.

— Que voulez-vous dire, madame? Savez-vous qui je suis, et pour qui je prie?

— Vous êtes don Giuseppe de Deo, et vous priez pour votre fils Emmanuele de Deo.

— Oui, oui, oui!

— Alors, suivez-moi.

— Où cela?

— Chez la reine.

Sa figure s'assombrit.

— Chez la reine? fit-il en hésitant entre la joie et

la crainte. Que peut avoir à me dire la reine ? Savez-vous que le bruit court que c'est elle qui veut les exécutions ? Si cela était ainsi, Dieu la protége ! mais, toute reine qu'elle est, j'aimerais mieux être à ma place qu'à la sienne.

— Venez, répétai-je. J'espère que, quand vous aurez vu Sa Majesté, vous penserez mieux d'elle.

— Au bout du compte, dit le vieillard, les choses ne peuvent être pires qu'elles ne sont; je vous suis, madame.

Et, baisant le marbre des degrés, il se releva.

Je marchai la première. En arrivant à la porte de l'église, don Giuseppe passa devant moi, trempa ses doigts dans le bénitier et me présenta l'eau sainte.

— Voyant que sa main n'attirait point la mienne, il me regarda avec étonnement.

— Je suis protestante, lui dis-je.

Alors, le reste d'espérance qui brillait sur son front sembla disparaître; il fit machinalement le signe de la croix, poussa un soupir, inclina sa tête sur sa poitrine et me suivit.

Nous montâmes en voiture.

— Au palais royal ! dis-je au cocher.

Cinq minutes après, la voiture s'arrêtait au pied de l'escalier conduisant aux appartements de la reine.

Au lieu d'être joyeux comme il eût dû l'être, le vieillard était sombre comme le désespoir, pâle comme la mort.

Avant d'entrer dans la chambre où nous attendait Sa Majesté, il me saisit la main et s'appuya au chambranle de la porte.

Il était près de se trouver mal.

— Un moment, par grâce ! dit-il.

Quant à moi, toute joie était morte au fond de mon âme. Voilà donc l'idée que l'on se faisait de la reine ! C'était elle qui prononçait le jugement par la bouche des juges, qui tuait par la main du bourreau !

Enfin, don Giuseppe parut reprendre ses forces ; je fis un signe à l'huissier, la porte s'ouvrit. La reine avait entendu le bruit de nos pas, et, se demandant ce que nous faisions dans la pièce voisine, elle s'était levée et venait au-devant de nous.

Sa figure était sombre, presque irritée ; car elle devinait ce qui s'était passé.

Je poussai don Giuseppe de Deo aux pieds de la reine, en lui disant :

— Voilà celle de qui dépend la grâce de votre fils ; demandez-la à elle, comme vous la demandiez à la Vierge, et vous l'obtiendrez.

Le pauvre vieillard tomba à genoux, les mains jointes, mais en disant pour toute prière :

— Est-ce vrai, madame?

— Quoi? demanda la reine de sa voix brève et impérieuse.

— Que, si je vous demande la grâce de mon fils, vous me l'accorderez?

— Personne ne s'est engagé en mon nom, j'espère? dit Caroline en me regardant avéc cette dureté qu'elle avait parfois dans les yeux.

— Non, madame, répondis-je; mais j'ai dit à un père qui demandait la vie de son fils à l'autel de la Vierge : « Venez, et je vous conduirai à une reine, belle et miséricordieuse comme une madone ! »

— Madame! madame! dit don Giuseppe, qui reprenait un peu courage, se sentant soutenu par moi, vous pouvez tout : vous êtes la reine, plus que la reine, vous êtes le roi! Grâce, madame! grâce pour mon enfant! Il a eu vingt ans il y a trois jours. C'est mon seul fils, madame! Je comptais sur lui pour m'aider à mourir; mais jamais cette idée ne m'était venue que je lui survivrais ! Madame, par vos enfants bien-aimés, par le prince François, par le prince Léopold, par votre dernier fils encore au berceau, par le prince Albert, je vous prie, madame,

je vous supplie, reine, je vous conjure, Majesté,
ayez pitié de mon fils!

— Madame! madame! dis-je à la reine joignant
ma prière à celle de don Giuseppe et en lui baisant
la main.

— Et, si je fais quelque chose pour votre fils, monsieur, dit la reine, lui, de son côté, refusera-t-il de
faire quelque chose pour moi?

— Pour vous, madame? pour vous, riche, jeune,
belle, toute-puissante? Et que voulez-vous qu'il fasse,
mon Dieu? Dites! dites! et toute la puissance d'un
père sera employée à ce qu'il vous honore, vous vé-
nère, vous serve à genoux, depuis le jour où vous
me l'aurez rendu jusqu'au moment de sa mort.

— Votre fils est un jacobin, monsieur, dit la
reine.

Don Giuseppe l'interrompit.

— Un jacobin, lui, madame? Sait-il seulement ce
que c'est qu'un jacobin? Savez-vous qu'il y a trois
ans qu'il est en prison, le malheureux? Il avait dix-
sept ans, madame; est-ce qu'un enfant de dix-sept
ans a une opinion? Il s'est fait couper les cheveux,
madame, voilà tout son crime. Mais, pendant ces
trois ans de prison, ses cheveux ont eu le temps de
repousser!

— N'importe, il sait quelque chose de la conjuration qui nous entoure et qui nous menace; qu'il fasse des révélations, et je lui fais grâce, ainsi qu'à ses deux compagnons.

— Des révélations ! s'écria le pauvre père, des révélations ! Mais en a-t-il à faire? mais sait-il quelque chose? mais, voulût-il parler, le peut-il, s'il ignore cette conjuration dont vous parlez, madame, et qui n'existe, dit-on, que dans l'esprit des juges? Comment voulez-vous qu'il révèle ce qu'il ne connaît pas? D'ailleurs, qui lui portera vos conditions? qui aura une voix assez pressante pour vaincre ses scrupules s'il en avait? qui l'adjurera au nom de son père de vivre à ce prix? Ah! personne, il n'y aurait que moi peut-être... et encore!

— C'est aussi sur vous que je compte, monsieur ; vous allez voir votre fils.

— Je vais voir mon fils, mon Emmanuel! s'écria le père saisissant son front à deux mains comme s'il était près de devenir fou. Que me dites-vous là !

— Voici un mot pour don Basilio Palmieri, le procureur fiscal. Je lui dis, dans ce mot, de vous donner la permission de voir votre fils et de vous entretenir une heure avec lui sans témoins.

— Quand, madame? quand?... Songez qu'il y a trois ans que je ne l'ai vu.

— Ce soir, de dix à onze heures.

— Et si je ne trouve pas don Basilio chez lui ?

— Vous verrez votre fils demain, au lieu de le voir ce soir.

— Mais il est neuf heures, madame, je n'ai pas un instant à perdre.

— Aussi je ne vous retiens pas ; allez !

— Ah ! il me semble que je deviens fou de bonheur.

— Que cherchez-vous ?

— Votre main, votre main, madame, pour la baiser !

La reine lui donna sa main. Elle était vraiment touchée de cette émotion profonde ; et, si le pauvre père eût pu lire comme moi dans son cœur, il eût insisté, et elle lui eût donné la vie de son fils sans condition.

Par malheur, il n'en fut rien ; il s'élança hors de la chambre en répétant :

— Mon fils ! mon fils ! mon Emmanuel !...

Et le bruit de ses pas s'éteignit en même temps que celui de sa voix.

LXVIII

Nous restâmes seules, la reine et moi.

Marie-Caroline était émue ; mais on sentait qu'il fallait à ce cœur, revêtu d'un triple acier, bien d'autres émotions pour se fondre.

— Maintenant, à nous deux ! dit-elle.

Je n'avais pas ôté mon mantelet ; elle mit le sien, tira sa coiffe sur ses yeux, prit mon bras et m'entraîna vers l'escalier.

Au bas des degrés, nous retrouvâmes la voiture dont je m'étais servie pour aller rue Sainte-Brigitte ; la reine y monta, j'y montai après elle.

Le valet de pied referma la portière.

— L'ordre ? demanda-t-il.

— A la Vicairie, répondit la reine.

Et la voiture prit au grand trot la rue de Tolède, qu'elle quitta au coin du palais Maddalone, pour s'enfoncer dans ce dédale de ruelles qui conduit au vieux palais Capouan.

J'étais passée plusieurs fois au pied de ses murailles, et j'avais regardé avec terreur les prisonniers suspendus aux grilles de leur prison, et les têtes coupées séchant aux angles des remparts dans leurs cages de fer.

Mais, cette fois, j'allais entrer dans la funèbre enceinte où les condamnés suaient, en chapelle ardente, leur agonie de trois jours.

Il était évident que j'allais assister à quelque chose non-seulement de nouveau, mais encore de lugubre, de terrible, d'inouï pour moi.

Je m'appuyais toute frissonnante contre la reine, et je la sentais roide et froide comme un marbre; il fallait qu'elle eût horriblement souffert pour être devenue à ce point impassible.

Sans doute nous étions attendues, car, au seul bruit de notre voiture, la porte s'ouvrit et nous nous trouvâmes dans la cour.

Un homme se tenait au pied de l'escalier à gauche, une lanterne à la main.

Le valet de pied ouvrit la portière, la reine descendit et marcha droit à cet homme.

Je la suivis en trébuchant.

— Vous êtes le geôlier en chef? dit la reine avec ce ton de commandement qui n'appartenait qu'à elle.

— Oui, madame.

— Vous m'attendez?

— J'attends une personne qui doit me remettre
un ordre de **M.** le procureur fiscal.

— Voici cet ordre.

— Vous permettez que je le lise ?

— C'est votre devoir.

Le geôlier lut l'ordre du procureur fiscal, plia le
papier et le mit dans sa poche.

— Maintenant, madame, dit-il, c'est à vous de
commander, à moi d'obéir. Que voulez-vous ?

— Le père du condamné Emmanuele de Deo a
obtenu de **M.** le procureur fiscal la permission de
passer une heure avec son fils ; je voudrais assister à
leur entrevue sans qu'on sût que je suis là, et entendre ce qu'ils diront, s'il est possible.

— Rien de plus facile, madame : les trois prisonniers sont dans la chambre des morts ; on appelle
ainsi la chambre où les condamnés passent les trois
derniers jours de leur vie. Cette chambre commu-
que, d'un côté, avec la chapelle ; de l'autre, avec le
vestiaire où la confrérie des *bianchi*, qui accompagne
les patients au gibet, enferme ses longues robes
blanches. Dans ce cabinet, où l'on pénètre par un
escalier secret, sans avoir besoin de traverser la
chapelle ni la chambre des morts, il y a des jours
invisibles, pratiqués pour que les juges puissent
écouter les conversations des condamnés entre eux,

et même surprendre les gestes qu'ils échangeraient. Vous entrerez dans ce cabinet, et, de là, vous verrez et vous entendrez tout ce qui se passera dans la chambre des morts.

— C'est bien. Allons !

Le geôlier ouvrit la grille contre laquelle il était appuyé; la reine passa par l'ouverture et monta hardiment l'escalier sombre qui se trouvait devant elle.

— Oh ! madame, madame, attendez-moi ! lui criai-je.

La grille se referma derrière nous, grinçant sur ses gonds; puis ce fut le tour de la clef à grincer dans la serrure.

Caroline avait atteint le premier palier; je l'avais cherchée et trouvée à tâtons; car, grâce à nos robes noires, nous étions complétement invisibles dans l'obscurité. Je m'étais cramponnée à elle.

Le geôlier passa près de nous, et sa lanterne jeta une pâle lueur sur les murailles noires.

Au premier étage, une seconde grille fermait l'escalier dans toute sa largeur.

Le geôlier l'ouvrit comme la première, avec le même grincement des gonds et des clefs, puis nous la franchîmes, puis elle se referma sur nous, et je me sentis doublement oppressée; car, à toute per-

sonne, même innocente, qui entre dans une prison,
il semble que ces portes terribles, toutes faites
qu'elles sont pour le crime seul, ne doivent plus se
rouvrir.

Nous nous engageâmes dans un corridor étroit et
humide; sur ce corridor s'ouvraient des espèces de
fenêtres grillées : c'étaient des jours donnant dans
des cachots. Au passage de la lanterne devant leur
fenêtre à une heure inaccoutumée, on voyait vague-
ment les prisonniers se soulever sur leur lit, et l'on
entendait le froissement de leur paille. J'étais pleine
de terreurs infinies, et pareilles à celles que l'on
éprouve dans les lieux inconnus et terribles. De
temps en temps, il fallait s'arrêter, ouvrir une
nouvelle grille devant nous, la refermer derrière,
et, à chacune, il me semblait, comme à Dante, que
je descendais un nouvel étage de l'enfer. Si j'eusse
été seule avec l'homme qui nous conduisait, je
me fusse évanouie; si j'eusse été seule tout à fait,
je serais morte d'effroi.

Nous arrivâmes à l'extrémité du corridor; cette
extrémité aboutissait à un escalier aussi étroit que
le corridor et fermé par une grille à barreaux entre-
croisés comme ceux des fenêtres ; ma main, si petite
qu'elle soit, n'aurait pu passer par l'entre-croisement
de ces barreaux.

Le geôlier se retourna, et, à voix basse :

— Nous n'avons plus que cette grille à ouvrir et cet escalier à monter, dit-il, et nous sommes arrivés.

— Ouvrez alors, dit la reine d'une voix où il était impossible de distinguer la moindre émotion.

Le geôlier obéit, mais avec des précautions qui prouvaient qu'en effet nous touchions au terme de notre voyage, et qu'il désirait n'être point entendu de ceux qui en étaient l'objet. Au reste, les serrures et les gonds de cette dernière grille étaient entretenus de façon à s'ouvrir et à tourner sans le moindre bruit. Ne fallait-il pas que l'œil et l'oreille pussent approcher en silence de ceux qu'ils venaient espionner et trahir?

Nous arrivâmes à une espèce de grand cabinet, dans lequel la reine entra résolument; mais, moi, je restai sur le seuil.

Contre les murailles, pareilles à des ombres debout et immobiles, étaient suspendues les longues robes blanches des *bianchi*, trouées aux yeux seulement; car, nous l'avons dit, c'était dans ce cabinet attenant à la chambre des morts, que les pénitents revêtaient le lugubre costume avec lequel ils accompagnaient les patients à l'échafaud.

La reine vit ma terreur et devina ce qui la causait:

sans rien dire, elle porta la main sur un de ces vêtements et le secoua de manière à me prouver qu'il ne cachait rien sous ses plis, pas même un fantôme.

Puis elle me fit signe d'entrer.

Le geôlier, alors, lui montra des ouvertures pratiquées dans les jointures du bois, de manière à être invisibles du côté de la chambre des morts. D'ailleurs, une fois dans cette chambre, les prisonniers, n'ayant plus la liberté de leurs mouvements, ne pouvaient scruter ni les boiseries ni les murailles.

En outre, une espèce de conduit de fer-blanc, en guise de porte-voix, s'adaptait à l'oreille, en même temps que l'œil s'adaptait à l'ouverture; de sorte que la personne cachée dans le cabinet pouvait tout à la fois voir ce qui se passait et entendre ce qui se disait dans la chambre des morts.

Il y avait deux de ces ouvertures et deux de ces conduits.

Le geôlier nous les indiqua.

— Attendez-nous au bas de l'escalier, de ce côté-ci de la grille, lui dit la reine.

Le geôlier obéit. Il laissait sa lanterne à terre, la reine la ramassa et la lui mit à la main.

Nous restâmes dans l'obscurité; cependant, comme la chambre des morts, pour mériter son nom de chapelle ardente, était illuminée *à giorno*, deux points lumineux apparaissaient à travers l'épaisse boiserie, et indiquaient les endroits précis où l'œil devait s'appliquer. Nous nous approchâmes de la boiserie en retenant notre respiration ; nous y appuyâmes la main avec précaution, pour ne point la faire craquer, puis nous appliquâmes l'œil à l'ouverture, et voici ce que nous vîmes :

Dans une salle carrée de moyenne grandeur, n'ayant d'autre issue qu'une porte donnant sur une chapelle, étaient posés à terre trois matelas, et sur ces matelas étaient couchés les trois condamnés, Emmanuele de Deo, Gagliani et Vitagliano. Leurs pieds et leurs mains étaient pris dans des anneaux scellés au plancher ; seulement, les anneaux des pieds adhéraient au parquet, tandis que ceux des mains, placés au bout d'une chaîne de trois ou quatre pieds, leur permettaient de s'asseoir sur leur lit et même de lever la main à une certaine hauteur.

Ces trois matelas étaient appuyés à la muraille, l'un au fond de la chambre, en face de nous, les deux autres à notre droite et à notre gauche ; seulement, celui de droite, qui était occupé par le jeune Emmanuele de Deo était adossé à une fresque peinte sur la muraille, laquelle représentait Jésus en croix et Marie agenouillée à ses pieds.

Devant cette fresque brûlaient une vingtaine de cierges, qui formaient autour du prisonnier comme une muraille de feu.

Il était assis sur son lit, tel que le tableau ou la gravure, — car je n'ai jamais vu le tableau, — tel que la gravure du tableau de David nous représente Socrate au moment de boire la ciguë; mais, au lieu du vieux sage au front bombé, au nez aplati, disant aux Athéniens : « Ce n'était pas la peine de m'ôter la vie, vous n'aviez qu'à me laisser mourir, » apparaissait un beau jeune homme au profil grec, au teint pâle, aux yeux pleins de flamme, avec de longs cheveux noirs retombant en boucles sur ses épaules; car, ainsi qu'avait dit son père, pendant ses trois ans de prison, ses cheveux avaient eu le temps de repousser.

Je ne sais quel sentiment de pitié ou d'admiration la vue d'Emmanuele inspira à la reine, mais je sais que, quant à moi, après avoir jeté un coup d'œil rapide sur ses compagnons, je reportai sur lui mes regards pour ne plus le quitter.

Un peintre eût fait un magnifique tableau de ce jeune homme, splendidement éclairé par les cierges qui l'entouraient, enchaîné sur un matelas au pied de cette fresque où s'appuyait sa tête, vêtu seulement d'un pantalon noir, ayant son col rabattu sur

ses épaules, sa chemise ouverte sur sa poitrine, et
parlant à ses compagnons de la mort et de l'immortalité, comme eût fait un prophète!

Il était vraiment superbe ainsi, et l'on eût dit
Jean, le disciple bien-aimé du Christ, s'il n'avait eu
des cheveux noirs, au lieu de cette blonde chevelure
que donne à l'apôtre Léonard de Vinci, l'immortel
auteur de *la Cène*.

LXIX

Au moment où nous entrâmes, nous entendîmes
comme une douce mélodie, et je reconnus, à la mesure des vers et à leur forme énergique, que le
jeune Napolitain disait des vers de Dante.

Comme notre entrée ne fit aucun bruit et que les
prisonniers ne purent se douter qu'ils étaient vus et
écoutés, il continua.

J'ai dit l'impression qu'il me fit lorsque mes yeux
s'arrêtèrent sur lui pour ne plus le quitter; j'ai dit
qu'assis, appuyé sur une main, l'autre levée au ciel
autant que le permettait la longueur de sa chaîne,
il avait la pose de Socrate et l'air inspiré d'un prophète.

Sans doute il avait pensé que ses deux amis avaient besoin d'être soutenus et encouragés; car il leur disait ce chant XIVe du *Paradis*, où Dante, conduit par Béatrice, monte jusqu'au ciel de Mars, et y trouve les âmes de ceux qui ont combattu pour la vraie foi, lesquelles, sous la forme de langues de feu, enveloppent la croix et glorifient le saint crucifix.

La vraie foi, aux yeux de ce jeune enthousiaste, c'était la liberté pour laquelle il mourait, et son espoir, qu'il tâchait de faire partager à ses compagnons, était d'être, un jour, une de ces mélodieuses langues de feu.

Maintenant, après avoir dit ce que nous vîmes, je dirai ce que j'entendis.

Lorsque la voix parvint distincte à mon oreille, Emmanuel avait déjà dit à peu près les trois quarts du chant, et, la voix vibrante, l'œil fixé sur quelque chose d'inconnu, il en était à ce vers :

Vainement, mon génie invoque ma mémoire (1).

Ses amis l'écoutaient la bouche ouverte et le sourire aux lèvres; on eût cru qu'ils lui disaient : « Chante ton dernier chant, beau cygne de la liberté ! »

(1) *Qui vince la memoria mia lo 'ngegno* (PARADIS, chant XIV).

Il continua ; peut-être ne pensait-il plus à eux, et était-il, comme Dante, ravi en extase devant le spectacle qui s'offrait à sa vue :

Car, en voyant Jésus resplendissant de gloire,
Des rayons de son corps illuminer sa croix,
La parole me manque et ma bouche est sans voix.
Du Golgotha céleste escaladant le faite,
Seul, celui qui fera la route que j'ai faite
Et qui verra le Christ de lumière éclater,
Comprendra qu'on l'adore au lieu de le chanter.
De l'un à l'autre bras, de sa cime à sa base,
Tout autour de la croix, dans ma divine extase,
Je voyais des lueurs qui, se heurtant dans l'air,
A chacun de leurs chocs enfantaient un éclair.
Et ces lueurs semblaient ces atomes sans nombre
Qui peuplent un rayon, glissant à travers l'ombre;
Et, comme dans la nuit, lorsqu'on entend le son
D'une harpe et d'un luth vibrant à l'unisson,
Tout ignorant qu'il soit des lois de l'harmonie,
L'homme sent son corps plein d'une joie infinie,
De même ces lueurs, montant et s'abaissant,
A mon âme chantaient un hymne ravissant,
Aux délices duquel je me laissais surprendre,
Mais que je ne cherchais même pas à comprendre,
Et qui pourtant, en moi répété saintement,
Vibrait par tout mon corps, si tendre et si charmant,
Que je reconnaissais les célestes louanges
Qu'au pied de l'Éternel chante le chœur des anges
Et que je distinguais cet ordre : « Lève-toi,
Martyr! qui combattis et qui vainquis pour moi! »

En disant ce dernier vers, le condamné était si beau, si plein d'enthousiasme, il paraissait si con-

vaincu, que ses deux compagnons applaudirent
comme ils auraient fait d'un acteur au théâtre,
mêlant le bruit de leurs chaînes à celui de leurs
applaudissements.

Tout à coup, au milieu des bravos et des froisse-
ments du fer, on entendit sortir de la chambre voisine, c'est-à-dire de la chapelle, ce cri :

— Mon fils ! ou est-il ? où est mon fils ?

Emmanuele reconnut cette voix.

— Mon père ! mon père ! s'écria-t-il, me voilà !

Et, oubliant qu'il était enchaîné, il fit un mouvement si violent pour s'élancer au-devant de son
père, qu'une des chaînes, celle du bras droit, se
rompit.

Mais, arrêté au milieu de son élan par les anneaux
des jambes et la chaîne du bras gauche, le jeune
homme retomba sur son matelas avec un gémisse-
ment.

En ce moment, le vieux Giuseppe de Deo parut
sur la porte et s'élança dans les bras de son fils en
criant :

— Emmanuele ! cher Emmanuele !

Et le père et le fils se tinrent un instant embras-
sés, et les cheveux noirs du jeune homme se mêlè-
rent aux cheveux blancs du vieillard.

Il se fit un silence de quelques instants, pendant

lequel on n'entendit que les sanglots de Giuseppe de Deo, dont le cœur se fondait sous l'étreinte filiale.

Le vieillard interrompit le premier ce silence.

— Vous savez, dit-il aux deux geôliers qui l'avaient accompagné, que j'ai le droit de rester seul avec lui.

Sans doute les geôliers étaient-ils prévenus de cette faveur accordée au pauvre père, car déjà ils détachaient les chaînes des deux autres jeunes gens, qui bientôt furent emmenés dans la chapelle.

Le père et le fils restèrent seuls.

— Oh ! madame, murmurai-je à l'oreille de la reine, ne vont-il pas lui ôter ses chaînes, afin que, dans cet instant de bonheur qu'il vous doit, il oublie qu'il est prisonnier ?

— Qu'il demande cette grâce, dit la reine, elle lui sera accordée.

Comme si les geôliers eux-mêmes eussent été touchés de cette situation, ils rentrèrent et détachèrent les anneaux des pieds d'Emmanuele de Deo, et le débarrassèrent de la dernière entrave qui enchaînait sa main gauche.

Il se leva, secoua la tête comme un jeune lion qui vient de reconquérir sa liberté, et poussa un soupir de satisfaction.

— Ah! mon bon père! s'écria-t-il joyeusement,
comme si tout péril était passé, que cela fait de bien
de se revoir!... Et à quel miracle dois-je ce bonheur
de votre présence et de cet instant de liberté?

— C'est un miracle, en effet, mon cher Emmanuel, et c'est à peine si j'y puis croire, répondit le
vieillard. J'étais dans l'église Sainte-Brigitte, où je
priais Dieu de venir à notre aide, quand une dame
est venue me chercher de la part de la reine.

— De la part de la reine? s'écria Emmanuele en
regardant son père avec le plus profond étonnement.

Et, tandis que son front se rembrunissait visiblement :

— De la part de la reine? répéta-t-il. Impossible!

— C'est aussi ce que j'ai dit d'abord; mais il m'a
bien fallu croire. J'ai suivi la dame, nous sommes
montés en voiture et elle m'a conduit au château.

— Et cette dame, vous la connaissez? demanda
vivement le jeune homme.

— Non, répondit en hésitant le vieillard.

— Vous la connaissez, mon père, reprit le jeune
homme. Est-ce la marquise de San-Marco, la ba-
ronne de San-Clemente?

Le vieillard secoua la tête.

— Voyons, dites-moi qui, mon père!

— Je crois, répondit don Giuseppe avec une

crainte visible que son aveu ne fût mal accueilli, je crois que c'est l'ambassadrice d'Angleterre.

— L'ambassadrice d'Angleterre ! lady Hamilton ! Emma Lyonna ! Et qui a donné le droit à cette créature perdue de se mêler de nos affaires ?

— Mon fils, s'écria le vieillard, ne parle point ainsi d'elle. Je jurerais que c'est elle qui a demandé ta grâce à la reine.

— Ma grâce à la reine ? Que dites-vous là, mon père ! Puisque c'est la reine qui nous fait condamner, elle ne peut vouloir notre grâce.

— Je te l'apporte cependant, mon fils.

— Vous me l'apportez ?

— Oui ; mais à une condition.

— Ah ! fit Emmanuel avec un dédaigneux mouvement des lèvres. Voyons cette condition, mon père.

Et le jeune homme se laissa tomber assis sur un escabeau.

Son père lui posa la main sur l'épaule.

— Il faut que tu considères d'abord, mon enfant, dit le vieillard, combien est grand mon amour pour toi, et dans quelle tristesse profonde, dans quel suprême isolement me laisserait ta mort...

— Mon père, dites-moi tout de suite quelle est

cette condition, ou sinon, je croirai, ce dont je me doute déjà, qu'elle est impossible à accepter.

— Nous partirons, mon enfant, nous quitterons l'Italie, l'Europe s'il le faut! Pourvu que je sois près de toi, que m'importe le coin du monde que nous habiterons!

— Avouez, mon père, dit le jeune homme avec un sourire amer, avouez que l'on me demande quelque lâcheté qui vous épouvante vous-même!

— Pense au déshonneur qu'une exécution publique jettera sur notre maison; pense que tu es condamné à une mort infâme!

— Mieux vaut une mort infâme qu'une vie infamée, mon père. Cette condition à laquelle on consent que je vive, dites, quelle est-elle?

— Songe, mon enfant que tu sauves non-seulement ta vie en faisant ce que la reine désire, mais encore celle de tes deux compagnons.

— Mais enfin, s'écria Emmanuele de Deo en frappant du pied la terre avec impatience, que désire la reine?

— Ce qui t'a fait condamner, mon Emmanuele bien-aimé, dit le vieillard, c'est que tu as eu l'entêtement de ne pas faire de révélations devant tes juges.

— Oui, et l'on espère que j'en ferai devant l'échafaud! Et c'est mon père que l'on a choisi pour venir me faire une pareille proposition ! On a fait de mon père un messager de honte !

Don Giuseppe tomba à genoux devant son fils et cacha sa tête dans sa poitrine.

— Mon enfant, mon cher enfant ! s'écria-t-il.

Et il éclata en sanglots, au milieu desquels on ne distinguait que ces mots :

— Je t'aime tant ! je t'aime tant ! Tu ne sais pas, toi, ce que c'est que l'amour d'un père !

— Oh ! non, je ne le savais pas ; mais je le sais maintenant, puisque vous n'avez pas refusé de venir me faire une pareille proposition. Ah ! oui, vous m'aimez terriblement, puisque vous acceptiez ma honte, la vôtre, celle de toute notre famille, en échange de ma vie !

— Mon enfant, s'écria le vieillard en le pressant contre son cœur sans le regarder, aie pitié de l'état dans lequel tu me vois !

— Relevez-vous, mon père, dit le jeune homme en lui baisant les mains, et écoutez debout ce que je vais vous dire.

Le vieillard obéit, car c'était lui qui priait, c'était son fils qui commandait.

— Il paraît, continua Emmanuele de Deo, que la tyrannie, au nom de laquelle vous venez, n'a point assez du sang des patriotes : il paraît qu'elle veut

encore leur honneur, et, en échange de la vie hon- .
teuse qu'elle m'offre, demande... combien d'autres
têtes?... Vous ne savez pas, mon père? On eût dû
vous fixer un chiffre! Ah! je disais bien que rien de
bon ne pouvait nous venir de cette femme, et, quand
vous l'avez nommée, quand vous avez nommé sa
digne amie, j'ai senti tout espoir s'en aller... Non,
non, laissez-moi mourir, mon père! Oh! je le sais,
la liberté coûtera cher à Naples, et, pour l'acclimater,
il faudra verser des flots de sang; mais, ne l'oubliez
pas, le premier sang qui sera versé demeurera le plus
illustre. Songez donc à l'existence odieuse que vous
me proposez! Fuir! et dans quelle terre inconnue,
dans quel coin du monde ignoré cacherions-nous
notre honte? Non; calmez votre douleur; consolez-
vous avec cette conviction que je meurs innocent, et
que ma mort est un hommage à la loyauté. Suppor-
tons avec courage, vous et moi, notre martyre d'un
instant. Le jour viendra où mon nom réclamera une
part glorieuse dans l'histoire, et où vous direz avec
orgueil : « Celui que j'ai mis au monde est mort un
des premiers pour son pays. »

— Eh bien, je comprends que tu refuses la vie à
une pareille condition; mais laisse-moi revoir la
reine, laisse-moi lui demander ta grâce sans que tu
aies à rougir de l'accepter! Je suis sûr qu'en me

voyant à ses pieds, qu'en entendant mes supplications, mes prières, je suis sûr qu'elle me l'accordera.

— Ne faites pas cela, mon père ! Oh ! non, de par le ciel, ne le faites pas ! Ne voyez-vous pas que cette femme marche dans la voie de la perdition, et qu'une bonne action la remettrait peut-être dans celle du salut. Or, le jour des tyrans est venu; comme sa sœur Marie-Antoinette, Caroline est traître à son pays, adultère à son époux ! Les amours impudiques ne lui suffisaient plus, et voilà qu'elle a des amours infâmes ! Au prince de Caramanico, à ce brave et loyal chevalier a succédé un intrigant Irlandais, de douteuse naissance, chassé de la marine française je ne sais pour quel crime honteux, qui ne songe qu'à s'engraisser de l'or napolitain, et qui, vil ministre d'une maîtresse couronnée, n'a pas même pour nous frapper l'excuse de ses propres haines; enfin, à cet Acton succède aujourd'hui dans les faveurs de Marie-Caroline une courtisane de bas étage, une fille ramassée par un charlatan sur les trottoirs de Haymarket, une prostituée que la reine croit élever jusqu'au trône où elle est assise et qui, au contraire, abaisse la reine jusqu'au lupanar d'où elle sort... Non, non, mon père ! Ne demandez rien à cette trinité sans âme ! Nous avons vécu purs jusqu'ici; mourons purs comme nous avons vécu !

—Oh! oui, murmura la reine; oui, tu mourras, misérable! et rien désormais ne pourra te sauver. Dieu lui-même descendît-il du ciel pour me demander ta grâce, je la lui refuserais!... Viens, Emma! viens! nous en avons assez entendu, ce me semble. Je dis nous, car, toi aussi, tu en as eu ta part.

Et, me saisissant la main avec une espèce de rugissement depuis longtemps contenu et qui augmentait au fur et à mesure que nous descendions l'escalier, elle me tira plus morte que vive du cabinet.

C'était la première fois que je m'entendais maudire!...

LXX

Pendant tout le chemin, la reine ne m'adressa pas une parole; seulement, elle tenait ma main serrée dans la sienne, et je sentais, à ses mouvements convulsifs, à quel paroxysme de colère elle était arrivée.

En rentrant au palais, elle se jeta dans un fauteuil, toujours muette et toujours agitée.

Puis, tout à coup :

—Comme ils me haïssent, ces odieux Napolitains! s'écria-t-elle. L'as-tu entendu ? Eh bien, c'est l'interprète de toute sa génération... Oh ! que je suis contente d'avoir vu de mes yeux, d'avoir entendu de mes oreilles, ce que j'ai vu et entendu!... J'avais des remords; je voulais faire grâce... Grâce! qu'ils y viennent maintenant, demander grâce! Je saurai que leur répondre. « Vous avez vécu purs, mourez purs! » Oh! oui, ils mourront, et, avec eux, tous ceux qui ne plieront pas la tête et le genou.

Puis, après un instant de silence :

—Cette junte est absurbe; j'en nommerai une autre. On lui demande trente têtes, et elle en accorde trois, et elle va justement choisir les plus jeunes, celles qui, en tombant, causeront le plus d'émotion dans le public. Mais, d'abord, elles ne tomberont pas; les condamnés n'auront pas l'honneur d'être décapités, ils seront pendus, comme des voleurs vulgaires, comme des assasins de bas étage. Oh! j'ai mes hommes, et je donnerai à ces misérables jacobins un tribunal qui ne les ménagera pas... Vanni, Castelcicala, Guidobaldi, à la bonne heure! voilà des hommes sur lesquels je puis compter. Castelcicala est prince, et je ne puis lui donner un titre plus élevé; mais je ferai Vanni marquis, je ferai Guidobaldi comte, je les gorgerai d'or pour qu'ils me gorgent de sang!

Et elle se leva pareille à Némésis, et, avec des cris de rage, alla se rouler sur son lit.

Je la suivis et, me jetant à ses genoux :

— Par pitié, madame, lui dis-je, épargnez-vous vous-même.

— Oh! ne pouvoir rien contre eux! les tuer, voilà tout! Et n'as-tu pas vu qu'ils bravent la mort, qu'ils l'appellent à grands cris, qu'ils jouent au martyre! Dis-moi, crois-tu qu'il ne vaudrait pas mieux les enterrer dans la fosse de Favignana ou de Maritimo?

— Oui, madame, m'écriai-je, c'est une inspiration du ciel : ils auraient le temps de se repentir.

— Se repentir, eux? Jamais! ils m'en haïraient davantage. D'ailleurs, il n'y a pas de prison, si bien fermée qu'elle soit, d'où l'on ne s'évade. — On m'a raconté qu'un prisonnier français, nommé Latude, s'était évadé trois fois de la Bastille. — Non; il n'y a que la tombe d'où l'on ne s'évade pas. Rien ne sera changé à leur supplice que le genre de mort.

— Ne craignez-vous pas quelque émeute, madame?

— Oh! j'en voudrais une! je voudrais une occasion de brûler Naples, et d'exterminer le tiers de ses habitants! Il n'y a de bon que le peuple, il n'y a de fidèle que les lazzaroni; tout ce qui porte un habit de drap est gangrené, par les Vico, les Genovese, les Beccaria, les Filangieri, les Pagano, les Conforti! C'est bien heureux que cet Emmanuele de Deo ait épargné le pauvre Caramanico; s'il eût dit de lui ce qu'il a dit d'Acton, je lui eusse fait arracher la chair avec des tenailles rougies !

Je saisis l'occasion qu'elle m'offrait elle-même de donner un autre cours à ses idées.

— Est-ce qu'il y a longtemps que vous n'avez reçu de ses nouvelles? lui demandai-je.

— Des nouvelles de qui?

— Du prince de Caramanico.

— Oh! depuis longtemps il ne m'écrit plus, lui. Quand je lui écris, je crois te l'avoir dit déjà, quand je lui écris, c'est par l'intermédiaire de sa femme, qui est restée à Naples ; elle lui fait passer mes lettres, croyant qu'il s'agit d'affaires d'État; mais lui, je suis la première à lui dire de ne pas me donner de ses nouvelles ; je ne suis sûre ici de personne, que de toi. Si l'on croyait qu'il pense encore à moi, on s'i-maginerait qu'il veut redevenir premier ministre, et Dieu sait alors ce qui arriverait !... Tu as bien fait de me parler de lui, Emma. Tiens, cela me calme... Ah ! s'il était ici !

Et elle saisit en sanglotant son oreiller entre ses bras.

— La reine veut-elle que je l'aide à se mettre au lit et que je place près d'elle la cassette aux lettres et aux bo quets?

— Oh ! dit-elle, tu es ma consolation, toi ! tu connais la seule chose qui puisse ramener la paix dans mon cœur ; et ils t'insultent, toi aussi !

— Ne pensez point à moi, madame. Pour moi, par malheur, ils ont raison, puisqu'ils ne me reprochent rien qui ne soit vrai, et je leur sais gré encore d'être restés en deçà de la vérité. Ne pensez donc plus à moi ; ne pensez qu'à lui : peut-être à cette heure pense-t-il à vous.

— Oh ! tu es folle ! Il a de belles Siciliennes là-bas. Je suis une vieille femme, avec mes trente-sept ans ; lui est un jeune homme avec ses quarante. A partir de trente ans, les années nous comptent double ; tu sauras cela un jour, toi aussi.

— Chut, madame ! dis-je en riant, je le sais déjà. Quoique je ne connaisse pas précisément la date de ma naissance, qui n'est point portée, comme celle de Votre Majesté, à l'*Almanach de Gotha*, je dois avoir mes trente-deux ans, ou, tout au moins, mes trente et un ans bien comptés.

— Toi, dit-elle, tu as vingt ans, et, Dieu me pardonne, je crois que tu les auras toujours.

— Votre Majesté veut-elle me donner la clef du secrétaire ?

— Non, inutile. Je vais me mettre au lit, je suis brisée ; tu t'assoiras près de moi ; nous parlerons de lui. C'est inouï comme son seul souvenir me calme.

Oh ! je ne sais pas pourquoi je me plains ; car, pendant deux ou trois ans, je fus bien heureuse ; et quelle est la femme, surtout si elle est reine, qui peut compter trois ans de bonhenr ?

Elle était passée d'abord de la colère à l'agitation, et elle venait de passer de l'agitation à la mélancolie. Je l'aidai à se déshabiller, elle se mit au lit ; j'approchai un fauteuil de son chevet, je lui pris la main.

— Et, maintenant, lui dis-je, parlez-moi de lui.

Alors, ce cœur gonflé s'ouvrit et s'épancha ; pendant une heure, elle repassa les uns après les autres, dans sa mémoire, tous les plus petits événements de ces trois ans de bonheur ; aucun détail ne lui échappa, et, pendant cette heure, elle oublia tout, jusqu'à la sanglante insulte qu'elle avait reçue, tant les souvenirs d'un premier amour ont de puissance sur le cœur d'une femme !

Puis, peu à peu, sa voix s'alanguit, sa main se desserra, ses yeux se fermèrent, et une respiration douce comme celle d'un enfant sortit de ces lèvres rugissantes, deux heures auparavant.

Elle dormait.

Je présumai qu'après les émotions qu'elle venait d'éprouver, le sommeil serait profond et prolongé ; je donnai des ordres dans les antichambres pour que, le lendemain matin, rien ne troublât ce sommeil ; puis, à mon tour, je me retirai dans ma chambre attenante à celle de la reine, laissant ouverte la porte de communication.

Le lendemain, ou plutôt le jour même, 3 octobre 1794, la reine s'éveilla à dix heures seulement, et, en s'éveillant, m'appela.

J'étais levée depuis cinq minutes, à peu près, et je courus à son lit.

— En vérité, dit-elle, tu es bien la plus puissante enchanteresse qui ait jamais existé, tu as empire sur les cœurs et sur les passions : j'ai dormi sept heures d'un sommeil d'enfant... Oh ! tu ne me quitteras jamais, n'est-ce pas ? tu es mon bon génie !

Elle me tendit les bras.

Je me penchai vers elle et l'embrassai au front.

— Demande s'il n'est venu personne pour moi, dit-elle.

Je compris sa pensée ; elle espérait que, malgré tout ce qu'avait pu lui dire son fils, ce père au désespoir ferait une nouvelle tentative près d'elle.

J'allai moi-même aux antichambres et j'interrogeai non-seulement les dames d'honneur, mais encore les huissiers ; il n'était venu personne.

Je retournai près de Caroline et lui annonçai cette absence de visiteurs. Son sourcil se fronça.

— Ils l'auront voulu, murmura-t-elle, et je n'aurai rien à me reprocher.

Puis, se tournant vers moi :

— Je te rends la liberté pour toute la journée! me dit-elle. J'ai plusieurs lettres à écrire, plusieurs personnes à voir, beaucoup d'ordres à donner pour demain. Sois ici à six heures : nous partons ce soir pour Caserte.

— Et... si le père revenait?... lui dis-je avec le ton de la prière.

— Si le père revenait, nous verrions, répondit-elle ; mais, sois tranquille, il ne reviendra pas.

En sortant du palais, et en remontant du côté de l'église Saint Ferdinand, pour prendre la rue de Chiaïa, je vis beaucoup de monde se presser du côté du largo del Castello. J'ordonnai à mon valet de pied de s'informer d'où venait cette affluence; il descendit, s'approcha d'un groupe qu'il interrogea et revint.

Il me sembla que les hommes qui composaient ce groupe me regardaient d'un air menaçant.

— Qu'y a-t-il donc ? demandai-je au valet de pied.

— Milady, me répondit-il, il paraît qu'il y a demain, au largo del Castello, une exécution capitale : on dresse l'échafaud.

— A l'hôtel! à l'hôtel! m'écriai-je en cachant ma tête dans mes mains.

Je montai chez sir William.

— Vous savez ce qui se passe, monsieur? lui demandai-je.

— Oui, me répondit-il; il paraît que le tribunal a condamné à mort trois jacobins et que, demain, on les pend.

— La reine craint qu'il n'y ait demain une émeute à propos de cette exécution, et elle nous invite à passer la journée à Caserte.

— Allez-y avec elle. Je ne puis quitter Naples; je dois donner demain au gouvernement des détails sur ce qui se passera, et, si j'étais à Caserte, je ne pourrais être sûr de l'exactitude de ma dépêche.

— Mais vous n'assisterez point au supplice de ces malheureux, j'espère?

— Je ne sais. Le banquier anglais Leigh m'a offert une place à ses fenêtres, et, comme il demeure largo del Castello, peut-être accepterai-je. En tout cas, demain soir, ou après-demain matin au plus tard, j'irai vous rejoindre et vous donner des détails sur ce qui se sera passé.

Je frissonnai à l'idée de ces détails que me promettait si tranquillement sir William. Lui, de son côté, ignorant complétement ce qui s'était passé la nuit

précédente, ne comprenait rien à mon agitation ;
mais, comme il n'avait pas l'habitude de m'interroger, il ne me fit aucune question.

A l'heure dite, j'étais chez la reine ; seulement,
j'avais ordonné au cocher de prendre par Chiatamone et Sainte-Lucie, pour fuir le voisinage du
largo del Castello.

Cependant, en allant à Caserte, il nous fallut bien
passer par Toledo ; mais nous étions dans une voiture fermée, et je tirai le rideau sur la glace.

Comme nous avions une voiture sans armoiries et
des valets sans livrée, nous traversâmes la foule qui
encombre toujours Toledo, sans exciter la curiosité.
Néanmoins, je ne me sentis à l'aise que lorsqu'une
fois hors de la ville, je pus baisser la glace et respirer l'air des champs.

Je n'avais pas eu besoin d'interroger la reine pour
voir que personne n'était venu et qu'elle n'avait
rien eu à accorder ou à refuser.

Nous arrivâmes à Caserte vers les sept heures et
demie du soir. En entrant dans cette lourde et mas-
sive bâtisse, il me sembla entrer dans un tombeau.

On comprend quelle fut la tristesse de notre soi-
rée ; nous étions évidemment, la reine et moi, préoccupées de la même idée ; nous ne pouvions penser à
autre chose, et cependant ni elle ni moi ne voulions

parler de la chose à laquelle nous pensions si obsti-
nément.

Quant à moi, j'avais sans cesse devant les yeux
ces trois jeunes gens, et particulièrement celui qui
avait joué le rôle principal dans cette tragédie ; sa
belle tête brune, ses yeux éloquents, sa voix vibrante, son geste solennel, tout cela revenait à ma
mémoire d'une façon tellement vivante, que, si
j'eusse été seule, je n'eusse pu résister au désir de
prendre un crayon et de jeter toute cette scène sur
le papier.

La reine avait pris un livre et faisait semblant de
lire ; mais, comme elle oubliait de tourner les feuil-
lets, il était facile de voir qu'elle ne lisait pas.

Vers deux heures, on nous apporta une collation
sur un plateau ; mais nous ne prîmes qu'une tasse
de thé.

A plusieurs reprises, la reine ou moi essayâmes
de hasarder quelques-uns de ces mots indifférents
auxquels, en l'absence de grandes préoccupations,
se suspendent les conversations ordinaires ; mais
chacun de ces mots semblait une pierre tombée dans
un gouffre et allant y mourir sans écho.

La pendule de la cheminée était de porcelaine de
Saxe ; elle représentait le Temps armé d'une faux.
Jamais allégorie ne fut plus frappante et plus som-

bre. La pendule sonna successivement dix heures, onze heures et minuit ; avec la dernière vibration du timbre, nous entrions dans la journée du 4 octobre ; c'était celle de l'exécution.

La reine se leva, alla à la cheminée, souleva le globe de la pendule, et arrêta le balancier.

Elle s'y prenait d'avance pour empêcher la pendule de marquer quatre heures ; car, à quatre heures, elle devait faire plus que mesurer le temps, elle devait sonner l'éternité.

Le supplice des trois jeunes gens devait avoir lieu à quatre heures ; je ne le savais pas, mais la reine le savait, et nous étions si bien préoccupées chacune de la même pensée, que, lorsqu'elle arrêta le balancier de la pendule, je frissonnai de tout mon corps, comprenant son intention.

LXXI

Je ne sais comment la reine dormit ; moi, je fis des rêves horribles. Vers le jour seulement, les visions qui peuplaient mon cerveau s'évanouirent, et je pus goûter quelque repos.

La première chose que je vis en m'éveillant fut la reine, debout à ma fenêtre. Elle soufflait contre la vitre, et, sur la vapeur de son haleine, elle avait, du bout de son doigt, dessiné une espèce de calvaire surmonté de trois croix.

En m'entendant me soulever sur mon lit, elle prit vivement son mouchoir dans sa poche, et essuya le carreau.

— Quel ennui! dit-elle; je m'étais levée de bonne heure dans l'espérance que nous pourrions faire une promenade, et voilà qu'il tombe une pluie fine qui nous empêchera de sortir toute la journée, peut-être.

C'était une distraction qui lui échappait.

— Est-ce que Votre Majesté est là depuis long-temps? lui demandai-je.

— Ma Majesté est là depuis une heure, attendu que Ma Majesté a fort mal dormi. Allons, lève-toi, et voyons à faire quelque chose.

Je me levai.

— Ah! dit la reine en me regardant, j'aurai donc une fois la satisfaction de vous voir moins insolem-ment belle que de coutume! Vous êtes pâle et vous avez les yeux rouges ce matin, je vous en préviens, ma chère amie.

— Hélas! madame, lui répondis-je, j'ai bien peur

d'être plus pâle et d'avoir encore les yeux plus rouges ce soir !

Elle fit semblant de n'avoir pas entendu.

— N'avez-vous donc pas invité sir William à venir avec nous à Caserte ?

— Si fait, madame ; mais il est retenu à Naples par les affaires de l'ambassade, et il viendra nous rejoindre ce soir ou demain matin.

— Ah ! tant mieux ! dit la reine faisant un effort visible sur elle-même. Il nous donnera des nouvelles.

Inutile de dire que la conversation en resta là.

Caroline rentra dans sa chambre. Je m'habillai.

Vers deux heures, la pluie cessa. On devait, au premier rayon de soleil glissant entre les nuages, mettre les chevaux à la voiture. On vint nous prévenir qu'ils étaient attelés.

Nous descendîmes et fîmes une promenade dans le parc.

A mesure que l'heure s'avançait, une espèce d'agitation fébrile s'emparait de la reine. Elle avait mis la conversation sur la captivité, les souffrances et la mort de sa sœur Marie-Antoinette, qui avait été exécutée le 16 du mois dans lequel nous venions d'entrer. Comme aucune de ses pensées ne m'échappait, je compris qu'elle cherchait un soulagement à ses remords en appuyant sur ce que les Français avaient fait souffrir à une femme que son rang devait rendre inviolable.

Le temps se couvrit et le cocher crut devoir reprendre le chemin du château. La reine ne fit aucune observation. La voiture s'arrêta au pied du grand escalier d'honneur.

Caroline changea de conversation.

— Cet escalier est véritablement très-beau, dit-elle; et, quand il n'y aurait que cet escalier à Caserte, il suffirait à faire la réputation de Vanvitelli.

Et elle se mit à m'en faire remarquer toutes les merveilles.

Nous arrivâmes ainsi à sa chambre. Caroline était en proie à une de ces surexcitations nerveuses qui, chez elle, finissaient d'habitude par une crise; elle marchait d'un pas très-rapide, et l'on eût dit qu'elle voulait harmonier toutes les agitations extérieures qui, malgré elle, trahissaient l'état de son âme.

Tout à coup, et au moment où elle rentrait dans sa chambre, elle demeura immobile et l'œil fixé sur la pendule.

La pendule marquait quatre heures.

Au même instant, elle fit entendre cette espèce d'échappement qui précède la sonnerie; le Temps agita sa faux comme s'il frappait, et le timbre vibra quatre fois sous le marteau d'acier.

La précaution prise par la reine, la veille, d'arrêter la pendule était devenue inutile, et, chose étrange ! cette pendule venait, au moment même où la reine entrait dans la chambre, de sonner cette heure fatale qu'elle avait essayé de suspendre sur son cadran.

C'est que, derrière la reine, sortant pour monter avec moi en voiture, était entré un huissier qui, voyant la pendule arrêtée, l'avait remontée et mise à l'heure ; de là le miracle.

Seulement, avant que la reine se le fût expliqué à elle-même, l'effet était produit, et, si je n'eusse été là pour la soutenir, je crois qu'elle serait tombée étendue sur le tapis.

Je voulus sonner, elle m'arrêta.

— Oh ! non, dit-elle ; il se peut que je sois faible, mais il ne faut pas qu'on le sache. Seulement, comme il est probable que Dieu ne se sera pas amusé à faire un miracle pour ces trois misérables jacobins, je veux savoir ce mystère de la pendule. Aide-moi à me jeter sur mon lit et informe-toi.

Je conduisis la reine jusqu'à son lit ; elle s'y coucha tout habillée, et je sortis pour interroger les domestiques.

Ce fut alors que l'huissier me raconta que, voyant la pendule arrêtée et pensant qu'elle était arrêtée par accident, il avait cru de son devoir de la remonter et de la mettre à l'heure.

Je rentrai aussitôt et donnai à la reine cette explication.

Son visage s'éclaircit, elle essuya la sueur qui couvrait son front et essaya de rire ; mais les muscles de la face semblaient roidis et refusaient de se détendre pour une plus douce expression.

— Au bout du compte, dit-elle regardant la pendule et voyant qu'il était quatre heures et demie, à présent tout doit être fini ; un grand exemple est donné, et Naples avait besoin de cela.

Je me taisais.

— N'es-tu pas de mon avis ? dit-elle.

— Hélas ! madame, lui répondis-je, permettez que, sur ces terribles choses de la vie et de la mort, je n'aie pas d'avis ; je suis née trop loin de ceux à qui Dieu a donné le droit de disposer de la vie des autres pour m'être jamais arrêtée à cette grave question. Je ne suis qu'une femme, moi, et, par conséquent, qu'une créature faible et miséricordieuse ; et j'eusse mieux aimé, je l'avoue, que cette pendule eût sonné l'heure de leur grâce que celle de leur supplice.

— Mais, s'écria Caroline avec animation, si cette pendule a sonné l'heure de leur supplice, c'est leur faute ! N'as-tu pas fait et ne m'as-tu pas fait faire tout ce qu'il fallait pour les sauver? Hier même, après l'insulte qu'ils m'avaient faite, n'ai-je point attendu toute la journée, à Naples, que quelqu'un de leur famille, père, mère, frère ou sœur, vînt m'implorer pour eux? Toi partie, moi restée seule, n'ai-je pas donné l'ordre que quiconque me demanderait fût introduit près de moi? Eh bien, j'ai attendu inutilement depuis onze heures du matin jusqu'à six heures du soir, tressaillant d'espérance à chaque pas qui se rapprochait de ma porte; mais, que veux-tu! ils dédaignent mon pardon; ils sont heureux de mourir pour la sainte cause de la liberté; ils se figurent qu'un jour Naples leur élèvera des statues, et, dans cette attente, ils iront à l'échafaud comme des martyrs... Des statues, à Naples! — Elle éclata d'un rire strident et forcé. — Qu'ils comptent là-dessus!... Les peuples savent détruire, mais ne savent point élever. Peut-être renversera-t-on la statue des rois; mais ce ne sera pas pour mettre à la place celle des jacobins.

Puis elle retomba dans le silence.

Ce silence, je me gardai bien de le troubler. La tête appuyée sur sa main, je comptais machinalement les pulsations de son pouls fiévreux, lorsque, tout à coup, le roulement d'une voiture retentit sous les voûtes du palais.

Caroline, à ce bruit, se leva sur son séant.

— Qu'est cela? demanda-t-elle.

— C'est probablement, répondis-je, sir William Hamilton qui, selon sa promesse, vient nous rejoindre.

— Fais-le entrer, si c'est lui! cria la reine. J'ai hâte de savoir ce qui s'est passé là-bas.

C'était lui, en effet. Il apportait des nouvelles, et des nouvelles tellement inattendues, qu'il n'avait pas voulu tarder d'un instant à nous les faire savoir : grâce à ses excellents chevaux, il avait fait la route en cinq quarts d'heure.

Voici ce qui s'était passé et ce qu'il avait vu de ses propres yeux, de la fenêtre du banquier Leigh :

Comme d'habitude, les *bianchi* étaient allés à la prison de la Vicaria, chercher les condamnés, qui en étaient sortis à pied, accompagnés de deux compagnies d'infanterie et d'un détachement de cavalerie.

Ils avaient fait une première halte à la cathédrale, et avaient continué leur chemin, remontant jusqu'à la rue de Tolède, où il avaient débouché par l'angle du palais Maddalone.

Dans la rue de Tolède, les soldats avaient dû frayer un passage au funèbre cortége, tant la rue était encombrée. Les jeunes gens, placés chacun entre deux pénitents, sur les épaules desquels ils refusaient de s'appuyer, précédés chacun d'un prêtre qui, de temps en temps, se retournait pour leur faire baiser le crucifix, — acte qu'ils accomplissaient avec une respectueuse ferveur, — marchaient d'un pas ferme, saluant, dans la multitude refoulée des deux côtés contre les maisons, et aux fenêtres de ces maisons encombrées de monde, les personnes de leur connaissance. Ces personnes, de leur côté, leur répondaient en secouant leur mouchoir et en criant :

— Adieu ! adieu !

A quatre heures moins un quart, le cortége apparut au coin de l'église Saint-Ferdinand, et, passant devant le théâtre Saint-Charles, déboucha sur la place du Château, au centre de laquelle était dressé l'échafaud, surmonté de trois potences ayant la forme d'une H majuscule dont on aurait haussé la traverse jusqu'à l'extrémité supérieure.

Vitagliano, le plus âgé des trois jeunes gens, qui marchait le premier, s'écria :

— Amis ! voici l'instrument du martyre.

— Qu'il soit le bienvenu ! répondit Emmanuele de Deo. Le martyre mène à Dieu !

— Et la mort à la liberté! ajouta Gagliani, le plus jeune des trois.

On recueillit ces paroles, et ceux qui les avaient entendues les firent circuler dans la foule.

Cette foule était immense, et à grand'peine, une heure avant l'exécution, quatre cents hommes d'infanterie avaient fait irruption sur la place et ménagé un grand carré vide au pied de l'échafaud.

Puis, à la vue de tous, et sur le commandement de leurs officiers, ces quatre cents hommes avaient chargé leurs fusils.

D'un autre côté, on avait vu les artilleurs du château Neuf tourner la gueule de leurs pièces vers la place du Château, et, derrière leurs pièces, ils se tenaient la mèche allumée et prêts à faire feu si quelque coup de main était tenté pour sauver les condamnés.

A ces troupes venaient se joindre celles qui accompagnaient les trois jeunes gens.

Huit cents soldats, à peu près, entouraient l'échafaud.

Au moment où les patients entrèrent dans le cercle fatal, muraille de fer qui s'interposait entre la vie et eux, une douzaine de tambours firent entendre un roulement sourd et voilé qui indiquait que le drame lugubre allait s'ouvrir.

Gagliani, comme étant le plus jeune des trois condamnés, — il avait dix-neuf ans à peine, je l'ai dit, — monta le premier sur la plate-forme.

Au moment où apparut cette tête si jeune, et cependant dévouée au supplice, un immense frissonnement courut dans la foule, et quelques voix crièrent grâce.

— Notre grâce? répondit Gagliani en haussant lui-même la voix. On nous l'a offerte aux dépens de notre honneur, et nous l'avons refusée.

Le bourreau était déjà à cheval sur la traverse de la potence, les aides poussèrent Gagliani vers l'échelle; il en monta lestement les cinq ou six premiers échelons; le nœud coulant lui fut passé au cou.

— Vive la liberté! eut-il le temps de crier encore.

Mais, aussitôt, d'un coup de pied, l'aide du bourreau renversa l'échelle; le corps, balancé par l'impulsion, flotta dans l'espace; le bourreau se laissa glisser sur les épaules du patient, le valet se cramponna à ses pieds; un groupe informe, agité des tressaillements de l'agonie, épouvanta un instant les spectateurs; puis le bourreau sauta à terre, le valet se rejeta de côté, et le cadavre du premier martyr, les vertèbres du cou brisées, demeura immobile et suspendu au gibet.

C'était le tour d'Emmanuele de Deo.

Il monta rapidement les degrés de la plate-forme et parut chercher des yeux quelqu'un dans la foule.

Alors, au milieu du silence, une voix s'éleva qui, avec un profond accent de douleur, cria :

— C'est moi que tu cherches ? Me voilà, mon enfant !

Et l'on vit le vieux père d'Emmanuele de Deo qui, se haussant sur la pointe des pieds dans la foule, le visage baigné de larmes, agitait son mouchoir, et, accomplissant sans doute une suprême promesse, était venu dire adieu à son fils.

— Adieu, mon père ! adieu ! cria à son tour le jeune homme. Je meurs pour mon pays. Puisse mon pays se souvenir de ma mort et la venger !

Et, s'élançant de lui-même vers l'échelle, il en monta les degrés à reculons, tendit son cou au nœud fatal, et le second acte de l'horrible drame commença.

Mais, au moment où le bourreau se laissait glisser sur les épaules du patient, où l'aide se cramponnait à ses pieds, aux cris de douleur du vieillard qui appelait son fils en se tordant les bras de désespoir, une immense clameur retentit, moitié pitié, moitié menace ; un mouvement d'oscillation parcourut la foule, le commandement *Préparez vos armes !* se fit entendre, suivi d'un froissement de fer qui annonçait la prompte obéissance de ceux à qui l'ordre était donné ; un nuage de fumée, suivi de la détonation d'un canon chargé à poudre, apparut au sommet d'une des tours ; le *sauve-qui-peut* napolitain : *Fuga! fuga!* fut prononcé par des milliers de voix, les rangs des soldats furent brisés, non point par ceux qui voulaient attaquer, mais par ceux qui tentaient de fuir, et le bourreau, qui craignait qu'au milieu de ce tumulte on ne lui enlevât sa dernière victime, et qu'il ne perdît ainsi les dix ducats que la municipalité lui accordait par exécution, le bourreau se précipita sur Vitagliano le couteau à la main et le frappa au cœur.

Vitagliano tomba blessé à mort.

Et, tandis que la foule, éperdue, fuyait par les nombreuses rues qui aboutissent au largo del Castello, poursuivie par ce commandement, ce froissement de fer, ce coup de canon, le bourreau et ses aides transportèrent Vitagliano mourant sur la plate-forme, où il expira, et, ne pouvant faire mieux, pendirent un cadavre à la place d'un homme vivant !

Voilà ce qui s'était passé, voilà ce que venait nous raconter, avec son exactitude diplomatique, sir William, témoin oculaire de toute cette horrible scène.

LXXII

Marie-Caroline écouta ce récit d'un bout à l'autre sans donner aucun signe d'émotion ; seulement, lorsqu'il fut fini, elle demanda un verre d'eau.

J'allai le lui chercher moi-même sur sa toilette et le lui apportai ; mais, en le prenant de ma main, sa main tremblait, et j'entendis ses dents claquer contre le verre.

— Vous êtes malade, madame ? lui dis-je.

— En effet, répondit-elle, je crois que j'ai un peu de fièvre.

Puis, me serrant la main avec une certaine terreur :

— Tu passeras la nuit près de moi, n'est-ce pas ?

— Dieu me garde de vous quitter un seul instant. madame ! Mais il faudrait envoyer chercher un médecin.

— Pour quoi faire ?

— Parce que j'ai peur que vous ne soyez sérieusement indisposée, et que quelques calmants suffiraient peut-être à détourner une maladie sérieuse.

12.

La reine réfléchit un instant, se souleva sur son coude : puis, au bout d'un instant, laissa retomber sa tête sur l'oreiller.

— Le fait est, dit-elle, que je ne me sens pas bien : j'ai des bourdonnements dans les oreillles, et je vois rouge. Envoie un courrier à Naples, et écris à Dominique Cirillo de venir me voir demain matin d'aussi bonne heure qu'il pourra.

— Si Votre Majesté veut permettre que je lui tâte le pouls? Je suis quelque peu médecin, dit sir William.

— Tâtez, dit Caroline en allongeant le bras.

Sir William ôta son gant, tira sa montre de son gousset, et, la tenant d'une main, il tâta le pouls à la reine de l'autre main.

Il compta quatre-vingt-deux pulsations à la minute.

— Ce n'est point demain qu'il faut que le docteur vienne, madame, c'est cette nuit; et, comme j'ai besoin de retourner à Naples pour ma correspondance de demain, c'est moi qui serai votre courrier. Si Cirillo était absent, je vous enverrais Cottugno...

— Envoyez-moi qui vous voudrez, milord, pourvu que ce ne soit pas un médecin anglais. Je déteste vos donneurs de calomel; ils n'ont qu'un remède pour toutes les maladies; on dirait qu'ils ont trouvé la panacée universelle.

Sir William prit congé de nous et partit, suppliant la reine, se trouvât-elle plus mal, de ne point s'adresser à quelque médecin de village, comme son esprit sceptique le lui faisait craindre, mais d'attendre celui qu'il lui enverrait de la ville.

Sir William ne s'était pas trompé : la fièvre augmenta rapidement ; deux heures après son départ, la reine avait le délire.

Dans ce délire, elle assistait au supplice des trois jeunes gens et racontait toutes les particularités que sir William venait de raconter devant elle.

Vers minuit, une voiture passa en grondant sous les voûtes du palais. On savait qu'un médecin de Naples était attendu, et l'on veillait pour qu'il pût monter sans retard.

Je courus au haut de l'escalier : c'était le docteur Cottugno. Il était accompagné du secrétaire de sir William, qui me remit une lettre de mon mari.

Dominique Cirillo avait refusé de venir, disant qu'à cinq heures du soir, il avait envoyé au palais sa démission de médecin de la cour.

C'était une heure après l'exécution : l'intention était donc claire et positive, et le motif de la démission de Dominique Cirillo n'avait pas besoin d'être expliqué.

Sir William, qui connaissait les opinions patriotiques de Cirillo, ne s'était point étonné de son refus et s'était adressé à Cottugno.

Lorque j'introduisis ce dernier près de la reine, elle avait la figure empourprée, la parole brève, l'œil fiévreux ; son pouls avait encore augmenté de rapidité et battait quatre-vingt-dix fois à la minute.

Cottugno, avec cette promptitude de décision qui le distinguait, ne jeta qu'un coup d'œil sur la malade.

— Voilà, dit-il, un physique fortement ébranlé par le moral ; il s'agit maintenant d'influencer le moral par le physique,

Et il tira sa trousse.

Puis, se tournant vers moi :

— Madame, me dit-il, m'aiderez-vous à saigner Sa Majesté, ou voulez-vous appeler quelqu'une de ses femmes ?

— Dans le cas où je vous aiderais, monsieur, lui demandai-je, ce que j'aurais à faire serait-il bien dificile ?

— Oh ! mon Dieu, non ! Il s'agirait tout simplement de ne pas vous trouver mal. Pouvez-vous en répondre ?

— Oui, monsieur ; j'ai du courage.

— On a quelquefois du courage pour soi sans en avoir pour les autres. Il ne s'agit, au reste, que de tenir la cuvette.

— Comptez sur moi.

— Eh bien, ne perdons pas de temps.

Le docteur, alors, banda lui-même le bras de la reine, et, sans autre aide que moi, pratiqua à la veine de l'articulation une abondante saignée.

C'était la première fois que je voyais couler le sang, et le sang précieux d'une amie couronnée ; l'impression fut donc profonde.

J'étais à genoux devant le lit de la reine ; je tenais le bassin où s'épanchait ce sang dans une quantité qui me semblait effrayante. J'ignorais ce que m'apprit depuis sir William, que le corps humain contient seize ou dix-sept livres de sang ; de sorte que je sentais, au fur et à mesure que ce sang coulait, ma vue s'obscurcir et une sueur froide couler sur mon front. Je n'en tins pas moins ferme jusqu'au moment où le médecin me dit :

— Vous pouvez poser le bassin à terre, madame : tout est fini.

Comme si, en effet, j'eusse épuisé la totalité de mes forces, et surtout de ma volonté, dans l'aide que j'avais prêtée au docteur, à peine eus-je, profitant de sa permission, posé le bassin à terre, que je me laissai aller, la tête appuyée au lit de la reine.

— Je vous l'avais bien dit ! fit Cottugno.

— Ce n'est rien, docteur, ce n'est rien, lui répondis-je ; mais vous lui avez tiré tant de sang !

— Cinq ou six onces, voilà tout. Il faut abattre la fièvre cérébrale. Il y a eu commotion ; il est important de rétablir l'équilibre. Si la fièvre, la rougeur et surtout le délire continuaient, Sa Majesté mettrait ses pieds dans de l'eau aussi chaude qu'elle la pourrait supporter, et dans laquelle vous auriez délayé trois ou quatre onces de farine de moutarde ; et, si cela ne suffisait pas, vous lui mettriez des sinapismes en manière de brodequins ; il faut absolument attirer aux extrémités tout ce sang qui afflue à la tête.

— Laissez tout cela par écrit, docteur, lui dis-je. Mais pourquoi ne restez-vous pas près de Sa Majesté ?

— Bon ! et mes hôpitaux ! qui donc y ferait mon service ? Impossible, belle dame, impossible !... A deux heures de l'après-midi, je serai de retour ici. Faites prendre patience à Sa Majesté. Selon toute probabilité, le délire sera calmé et notre auguste malade se trouvera en état de convalescence... Et tenez, la voilà déjà aux prises avec le sommeil.

En ce moment, la pendule sonna.

A la première vibration du timbre, la reine rouvrit les yeux et parut écouter avec anxiété.

J'écoutais avec presque autant d'anxiété qu'elle, car je connaissais la cause de l'attention qu'elle portait à ce bruit.

La pendule sonna trois heures.

— Bon ! dit Caroline, une heure encore !

Et sa tête retomba sur l'oreiller.

— Il faudrait, dit le docteur, empêcher cette pendule de sonner les heures, et surtout de sonner l'heure qui va suivre.

Cottugno prononça ces paroles avec une telle simplicité, qu'il était impossible de reconnaître s'il y avait mis une autre intention que celle d'imposer silence à la pendule.

J'allai à la cheminée et j'arrêtai le balancier.

Cottugno tâta le pouls de la reine ; il était diminué d'une douzaine de pulsations.

— Tout va bien, dit-il, et, s'il n'arrive rien de nouveau, dans trois jours Sa Majesté sera guérie.

Puis, avec le plus grand soin, il essuya sa lancette, en noircit la pointe aiguë à la flamme de la bougie, la replaça dans sa trousse, remit la trousse dans sa poche, me recommanda de conserver le sang pour étudier sa décomposition, et partit en me conseillant de prendre un peu de repos.

J'en avais grand besoin : depuis trois nuits, je ne dormais pas, ou je dormais à peine. A part quelques soubresauts, le sommeil de la reine était tranquille. Je tirai un fauteuil près de son lit, pris sa main dans la mienne afin d'être réveillée à son moindre mouvement, et m'endormis à mon tour.

Combien de temps dura mon sommeil, je ne saurais le dire ; mais, lorsque j'ouvris les yeux, réveillée par le bruit qui se faisait dans la chambre voisine, il était grand jour.

Ce bruit était causé par une personne qui disait avec véhémence :

— Il faut que je voie la reine ! Je vous dis qu'il faut que je la voie !

Je bondis de mon fauteuil, et m'élançai dans la chambre voisine.

J'y trouvai une femme de grand air, âgée de trente à trente-cinq ans, le visage bouleversé par la douleur.

— Oh ! madame, s'écria-t-elle en m'apercevant, faites que je puisse voir la reine, je vous en supplie !

Et elle me saisit les mains, s'inclinant comme si elle eût été près de tomber à mes genoux.

— Impossible, madame ! lui répondis-je. La reine

est fort malade; elle a été saignée cette nuit, et le médecin a défendu de laisser pénétrer personne jusqu'à elle.

— Oh! mais, moi, moi, s'écria la dame, je ne suis pas quelqu'un... Je suis... je suis... une amie de la reine.

— Excusez-moi, madame, mais je ne vous ai jamais vue à la cour.

— Pourquoi y serais-je venue? Je n'avais rien à y faire. Mais, tenez, vous connaissez l'écriture de Sa Majesté?

Elle tira plusieurs lettres de sa poche.

— Voyez, madame, voyez!... Chère princesse! C'est bien son écriture, n'est-ce pas?

— Oui; mais vous, vous, demandai-je tout étonnée, qui êtes-vous donc?

— Je suis...

Elle hésita.

— Je suis la princesse de Caramanico.

— La femme de celui...?

Je m'arrêtai.

— Oui, reprit-elle, la femme de celui qu'elle a tant aimé!... Eh bien, je viens lui dire que celui qu'elle a tant aimé, elle ne peut pas le laisser mourir.

— Le laisser mourir! Qui donc? demanda une voix derrière nous.

Nous nous retournâmes, la princesse et moi, et jetâmes un double cri. La reine, qui, à son tour, avait été réveillée par le bruit, entendant une voix de femme qui répondait à la mienne, s'était levée de son lit, et, pieds nus, en chemise, ses longs cheveux déroulés sur ses épaules, toute tachée de sang, se tenait debout sur le seuil de la chambre à coucher.

Elle reconnut la princesse de Caramanico, jeta un cri à son tour, s'élança vers elle, la saisit par le bras et l'entraîna dans sa chambre en disant :

— Viens, Emma ! viens !

Je suivis la reine et la princesse et fermai la porte derrière moi.

LXXIII

La reine nous regarda toutes deux d'un œil égaré, passa sa main sur son front, comme pour fixer ses souvenirs : puis, reportant son regard sur la princesse :

— J'ai mal entendu, n'est-ce pas ? dit-elle, et vous n'avez pas dit : « La reine ne peut pas le laisser mourir ! »

— Non, madame, non, s'écria la princesse, vous n'avez point mal entendu, et j'ai dit et je répète : Non, non, non, la reine ne peut pas le laisser mourir !

— Mais qui la reine ne peut-elle pas laisser mourir ? demanda Caroline.

— Celui qu'elle a tant aimé !

— Le prince de Caramanico ?

— Oui.

— Est-il en danger de mort ?

— Lisez, madame ! lisez !

Et, tombant à genoux, la princesse présenta une une lettre à la reine.

Caroline lut d'une voix saccadée, et ses dents se choquant à chaque parole :

« Chère amie... »

Elle regarda la princesse avec un éclair dans les yeux.

— Lisez, madame, lisez ! dit celle-ci d'une voix suppliante.

La reine continua :

« Je ne sais ce qui m'arrive ; depuis quinze jours, mes cheveux ont blanchi à vue d'œil, et mes dents se détachent de mes gencives et tombent...

» Je me sens pris d'une langueur mortelle, et je crains de n'avoir plus que peu de jours à vivre.

» Je ne puis te dire ce que je crois, mais tu peux le deviner.

» Ne *lui* dis rien, et souffre seule: il n'y a malheureusement pas de remède.

» Le père était médecin, et le fils a été chimiste!

» JOSEPH. »

La reine poussa un cri; ses yeux semblèrent près de jaillir de leur orbite.

— C'est-à-dire, s'écria-t-elle, qu'il serait empoisonné!

— Hélas, madame!

— Mais pourquoi empoisonné, puisque je ne l'aimais plus, ou, du moins, puisqu'on ignorait que je l'aimasse encore?

— Vous savez combien il était populaire, madame, dit la princesse; on parlait de son retour à Naples; on disait... — la princesse fit un effort pour prononcer ce nom, — on disait que M. Acton ne jouissait plus de la même faveur près de vous; on disait enfin qu'à l'approche des jours mauvais, — car les jours mauvais approchent, si toutefois ils ne sont point déjà venus! — on disait que votre intention était de prendre pour ministre un vrai Napolitain, les étrangers, si habiles qu'ils soient, étant des instruments peu sûrs aux jours des révolutions; on disait cela, madame! Cette voix aura été entendue, et cette voix l'a tué.

— Oh! si je le croyais! murmura la reine en grinçant des dents.

— Croyez-le, madame, croyez-le, car c'est la vérité, la vérité fatale, terrible, implacable! Joseph, notre Joseph, meurt empoisonné!

— Quand avez-vous reçu cette lettre?

— Ce matin.

— Combien a-t-elle de jours de date?

— Quatre jours.

— 1er octobre... Il écrivait le jour même où était rendue leur condamnation! Oh! s'écria Caroline en se tordant les bras, c'est une punition du ciel!

La violence du mouvement dérangea l'appareil de la saignée; la piqûre, mal fermée, se rouvrit et je vis un jet de sang s'élancer du bras et rougir la chemise.

— Oh! m'écriai-je, voyez, voyez, madame! vous la tuez.

Et, en effet, affaiblie à la fois par l'émotion et par la perte du sang, la reine pâlit, poussa un faible soupir et chancela.

Je m'élançai à temps pour la recevoir dans mes bras ; elle était évanouie.

Nous la portâmes, la princesse et moi, sur son lit. Je comprimai la veine comme j'avais vu faire au docteur ; je mis un peu de charpie sur l'ouverture de la plaie ; puis, de mon mieux, je rétablis la bande et parvins à arrêter le sang avant que la malade eût repris connaissance. Alors, joignant les mains :

— Vous voyez, dis-je à la princesse, l'état dans lequel est la reine. Par malheur, elle ne peut rien pour le prince. Vous seule, madame, pouvez quelque chose.

— Eh ! que puis-je, mon Dieu ?

— Vous pouvez, sans un instant de retard, madame, partir pour Palerme avec le meilleur médecin de Naples, et en appeler à la science, du crime qui veut nous mettre tous en deuil.

— Oh ! j'espérais dans la reine ! s'écria la pauvre princesse jetant un regard sur elle. Mon Dieu ! mon Dieu !

— La reine ne peut vous servir en rien, madame, si ce n'est peut-être à punir. et encore ! vous le savez-vous même, le coupable ou les coupables sont si haut placés, que le châtiment ne montera jamais jusqu'à eux. Puis c'est de la vie du prince qu'il s'agit, et non de la punition de ses meurtriers ; songez à la vie du prince, et, soyez tranquille, si la reine peut punir, elle punira !

— Oh! elle punira! Vous croyez qu'elle punira?

— Oui; mais, pour punir, il lui faut toute sa raison, toute sa force, toute sa puissance. Laissez le délire se calmer, laissez la fièvre s'éteindre, allez où non-seulement votre tendresse, mais votre devoir même vous appelle : sauvez le prince, s'il en est temps encore; recevez son dernier soupir, s'il est trop tard pour le sauver; soyez douce et miséricordieuse pour son agonie; dites-lui — puisqu'il n'aura pas d'autre consolatrice que vous, il faudra bien que ce soit vous qui le lui disiez! — dites-lui que la reine l'a toujours aimé et n'a jamais en réalité aimé que lui. Vous devez cette pitié à ces deux cœurs qui ont tant souffert et qui n'ont eu, je le sais, que vous pour intermédiaire, pour confidente et pour amie.

— C'est bien, s'écria la princesse. Je ferai ce que vous me conseillez, madame; et, s'il peut être sauvé par la science d'un homme et le dévouement d'une femme, il le sera. Merci ! S'il meurt, dites à la reine que je lui laisse le soin de notre vengeance.

Elle s'agenouilla devant le lit, baisa la main de la reine, m'envoya un dernier adieu de la main et des lèvres, puis s'élança hors de l'appartement.

L'évanouissement de la reine était un bienfait de

la Providence : sans cet évanouissement, dans la disposition d'esprit où elle se trouvait, sans doute elle fût devenue folle ou eût été frappée de quelque congestion cérébrale.

Je sortis derrière la princesse, pour recommander aux domestiques, fussent-ils interrogés par la reine elle-même, de ne pas dire un mot de la visite de la princesse de Caramanico ; puis je rentrai, et, la princesse partie, ne craignant plus que la reine ne reprît ses sens, je lui frottai les tempes avec de l'eau fraiche et lui fis respirer des sels.

Au bout de quelques instants, elle rouvrit les yeux ; mais leur expression était tellement hagarde, que je vis bien que le délire de la nuit l'avait reprise. Pour le moment, c'était ce qu'il y avait de plus heureux. Il est vrai que, dans son délire, elle prononça deux ou trois fois le nom de Joseph et une fois celui de prince de Caramanico, mais avec des paroles sans suite qui me faisaient espérer qu'à son retour à la raison, elle ne retrouverait qu'à l'état de songe le souvenir de ce qui s'était passé.

Je tirai la sonnette des femmes de chambre, deux de ces dames entrèrent. Je me rappelai la prescription du docteur ; nous commençâmes par faire prendre à la reine un bain de pieds à la moutarde ; puis, comme la rougeur de la face, la fièvre et le délire continuaient, nous lui entourâmes le bas des jambes de sinapismes; la chose nous fut d'autant plus facile qu'au milieu de son délire, Caroline me reconnaissait toujours, et, très-douce avec moi, me laissait faire tout ce que je voulais.

Vers une heure, elle tomba dans un état de prostration qui faisait un contraste étrange avec l'état d'exaltation dont elle sortait.

A deux heures précises, j'entendis le roulement d'une voiture ; Cottugno tenait sa parole.

Je laissai la reine aux mains de deux femmes de chambre, et je courus au-devant du docteur. J'arrivai à temps pour le recevoir au haut de l'escalier; je lui dis en deux mots, non pas ce qui s'était passé, — je n'avais pas droit sur le secret de la reine, — mais seulement que sa malade, après avoir repris connaissance, avait éprouvé une vive émotion pendant laquelle la saignée s'était rouverte, ce qui avait amené un évanouissement. J'ajoutai que nous avions suivi de point en point ses prescriptions, à lui, Cottugno, et je lui indiquai l'état dans lequel il trouverait la reine.

Il commença par examiner le sang, y reconnut les signes d'une violente inflammation, et entra dans la chambre.

Caroline était immobile et tenait ses yeux fermés.

13.

Le docteur lui tàta le pouls, écouta sa respiration et l'interrogea sur ce qu'elle éprouvait; mais la malade n'ouvrit pas les yeux et garda le silence.

— Approchez le bassin, dit le docteur à l'une des femmes de chambre; Sa Majesté n'a pas perdu assez de sang, et je dois lui en tirer encore une ou deux onces.

La reine retira son bras à elle, preuve qu'elle avait entendu ce que venait de dire Cottugno.

Mais celui-ci ne parut point s'apercevoir du mouvement et lui prit le bras.

— Oh! dit la malade, je suis déjà assez faible; ne m'affaiblissez pas d'avantage... Je ne saurais lier deux idées l'une à l'autre.

— Bon! dit Cottugno, dans l'état où est Votre Majesté, non-seulement il ne faut pas qu'elle lie deux idées l'une à l'autre, mais il ne faut pas même qu'elle ait une idée.

Caroline poussa un soupir, elle n'avait pas la force de résister.

Le docteur rouvrit la saignée, et la reine perdit de nouveau deux palettes de sang.

C'était plus qu'elle n'en pouvait supporter; elle s'évanouit.

Cottugno arrèta aussitôt le sang.

—La! dit-il. Ces dames vont courir chez le phar-

macien ou y envoyer, et faire préparer la potion que
je vais écrire. Pendant ce temps-là, nous causerons.

Il écrivit l'ordonnance, la remit aux deux femmes
de chambre, et les poussa en quelque sorte hors de
l'appartement.

Puis il revint près de la reine, toujours sans connaissance, et lui prit la main.

— Voyons, me dit-il, il faut parler franc aux
médecins; sans quoi, on risque tout simplement qu'ils
ne se trompent, et qu'en se trompant, ils ne tuent le
malade.

— Mon Dieu! m'écriai-je, y a-t-il danger de mort?

— Il y a toujours danger de mort, quand il y a,
d'un côté du lit, la maladie, et, de l'autre, le médecin. Mais ici j'imagine que l'esprit est plus malade
que le corps.

— Je le crois comme vous, docteur, et j'admire
votre pénétration.

Cottugno haussa les épaules.

— Il n'y a pas de pénétration là dedans, dit-il, et
la chose est pour moi claire comme le jour. Je vais
vous dire ce qui s'est passé; si je me trompe,
vous m'arrêterez; si je devine, vous me laisserez
continuer.

— Mais, si la reine vous entend?...

— Il n'y a pas de danger : j'ai la main sur son

pouls; quand elle sera près de revenir à elle, je le saurai une minute à l'avance... C'est l'exécution, d'hier, n'est-ce pas qui a bouleversé la reine?

— Comment pouvez-vous deviner cela?

— Oh! la belle malice! D'abord, cette exécution en a bouleversé bien d'autres! A plus forte raison celle qui pouvait l'empêcher et qui n'a pas jugé à propos de le faire.

— Docteur, Sa Majesté a fait offrir leur grâce aux condamnés, ils l'ont refusée.

— Oui, j'ai entendu raconter quelque chose comme cela; mais ce n'est point mon affaire, je suis médecin ici, pas autre chose. L'exécution a eu lieu hier à quatre heures, et c'est hier à quatre heures que la reine est tombée malade.

— Qui vous l'a dit?

— Sir William Hamilton; vous voyez que je ne veux point passer pour sorcier; mais il n'avait pas même besoin de me le dire, car, cette nuit, devant moi, la reine a tressailli en entendant sonner trois heures à la pendule, et elle s'est écriée : « Bon! nous avons une heure encore! »

— Mais ce n'est pas le tout : ce matin, m'avez-vous dit, elle a eu une violente émotion ?

— Oui, très-violente !

Il me regarda.

— Elle aura su que le prince de Caramanico mourait empoisonné.

— Taisez-vous ! m'écriai-je, taisez-vous !

— Je vous dis qu'elle ne peut m'entendre.

— Mais comment pouvez-vous savoir ?...

— De la façon la plus simple. — La princesse
était, il y a deux heures, chez moi ; elle venait me
demander si je pouvais aller avec elle à Palerme ; je
lui ai répondu que cela m'était impossible et que je
ne pouvais pas abandonner la reine dans l'état où
elle se trouvait. Je l'ai renvoyée à Cirillo, auquel je
devais bien cela, puisque, hier, il a renvoyé votre
mari à moi. La princesse et lui doivent être partis à
l'heure qu'il est, et, s'il y a moyen de sauver le
prince, Cirillo le sauvera ; c'est un habile homme.
Or, pendant que je causais avec la princesse, son
domestique causait avec le mien, et, comme il n'avait
aucune raison d'en faire un mystère, cet homme a
dit que sa maîtresse et lui arrivaient de Caserte.
L'émotion qu'a éprouvée la reine est donc celle que
lui a causée la nouvelle de l'empoisonnement du
prince. J'eusse pu vous laisser croire que j'avais tout
deviné ; mais c'eût été du charlatanisme, et, Dieu
merci, c'est Gatti, et non Cottugno, qui est un charlatan. Maintenant, voulez-vous que je vous dise mon
plan de bataille contre la maladie de la reine? Il est

bien simple. La nouvelle de l'empoisonnement du prince de Caramanico est, chez elle, à l'état de songe; elle ne sait pas si elle a rêvé qu'elle a vu la princesse, ou si elle l'a vue réellement; voilà ces deux idées qu'elle ne peut lier, et qu'il ne faut pas qu'elle lie, et c'est pourquoi, lorsqu'elle se plaignait d'être trop faible, je l'affaiblissais encore. Je suis assez fort pour lutter contre l'exécution d'hier, ou contre l'empoisonnement d'aujourd'hui, mais chaque chose étant isolée; si les émotions se réunissent, Cottugno est pris entre deux feux comme un général malhabile, et Cottugno est battu. Cottugno doit faire comme Horace blessé : il doit attaquer les Curiaces les uns après les autres. Vous comprenez? Mon premier Curiace, c'est l'exécution d'hier; mon second Curiace, c'est l'empoisonnement d'aujourd'hui; mon troisième Curiace enfin, le moins dangereux, le moins à craindre, c'est la maladie.

— En vérité, monsieur, lui dis-je en le regardant, vous êtes un homme merveilleux!

— Eh non ! pas plus merveilleux qu'un autre; j'ai de la pratique et de l'observation, voilà tout. Maintenant, écoutez : tout mon travail va se borner à empêcher la reine de se souvenir; si j'y réussis pendant trois jours, il n'y a absolument plus rien à craindre. Ce que je lui donne n'est autre chose qu'un calmant, mais un calmant qu'il faut lui administrer avec la plus grande précaution et la plus grande régularité, attendu que, si la dose était exagérée, il la calmerait trop.

— Mon Dieu, qu'allez-vous donc lui donner?

— Tout simplement de la belladone.

—Mais je croyais que la belladone était un poison?

— C'est un poison, en effet ; mais pris comme le prendra la reine, c'est un narcotique, pas même un narcotique, un calmant. Vous lui en ferez prendre une cuillerée à café toutes les heures... Ah! voilà Sa Majesté qui revient à elle ! N'oubliez pas que l'exécution des jeunes gens a eu lieu il y a quinze jours, et que l'empoisonnement du prince est une fable... Chut!

En ce moment, la reine ouvrit de grands yeux et regarda autour d'elle.

— La! dit Cottugno en se levant, voilà qui est bien, et Votre Majesté va à merveille! N'oubliez point, milady, de faire prendre d'heure en heure à Sa Majesté une cuillerée à café de la potion que j'ai indiquée ; le plus tôt sera le mieux. Eh ! tenez, voici justement ces dames qui rentrent avec la potion. Donnez-moi une petite cuiller ; Sa Majesté me fera l'honneur d'accepter sa première cuillerée de ma main.

Et, sans donner le temps à la reine de se reconnaître, il lui mit la cuiller à la bouche, et lui fit ava-
ler la potion.

— Demain, à la même heure, dit-il, je reviendrai.

Dix minutes après son départ, Caroline dormait
profondément.

Tout ce qu'avait prédit le docteur arriva. Pendant
trois jours, la reine resta à moitié assoupie, dans un
état de somnolence qui n'était ni la veille ni le sommeil ; puis, au bout de ce temps, Cottugno permit que
le jour pénétrât peu à peu dans son esprit ; aux pâles
lueurs de ce jour, elle revit tout ce qui s'était passé,
mais sous l'aspect vague et décoloré de faits accomplis depuis longtemps déjà. Ne la quittant pas un
seul instant, je fus la confidente de tous ses retours à
la vie et à la douleur.

Elle fut trois ou quatre jours sans me parler du
prince. Un matin, après une espèce d'effort :

— Est-ce que, demanda-t-elle, pendant mon délire,
la princesse de Caramanico n'est point venue me
faire une visite ?

— Si fait, madame, répondis-je ; elle avait appris

que son mari était souffrant, et, partant pour Palerme, elle venait demander à Votre Majesté si elle n'avait point quelque communication à faire au vice-roi.

La reine, qui tenait ma main, la serra fortement, et, me regardant en face :

— Emma, me demanda-t-elle, la princesse n'est point revenue?

— Non, madame.

— Elle n'a pas écrit?

— Non, madame.

— Donne des ordres pour qu'à son retour, elle soit introduite près de moi aussitôt qu'elle demandera à me parler.

— Mais, si les nouvelles qu'elle apporte sont mauvaises, Sa Majesté se croit-elle assez forte pour les entendre impunément?

— Oui, sois tranquille; avec le calme, la force m'est revenue. Seulement, rends-moi un service.

— Que Votre Majesté ordonne.

— Voici la clef de mon secrétaire, tu en connais le secret...

— Oui, madame.

— Eh bien, va me chercher ma chère petite cassette; j'ai besoin de l'avoir près de moi.

— Je pars.

— Oui, pars, et reviens bien vite ! Si tu vois le roi par hasard, et qu'il ait la curiosité de te demander de mes nouvelles, dis-lui que je vais bien, mais que j'ai encore besoin de quelques jours de repos et de solitude. Rien ne me serait plus désagréable que de le revoir en ce moment.

— C'est bien, madame.

Je regardai à ma montre.

— Il est neuf heures du matin ; à midi, je serai de retour.

— Merci... Je ne sais pas ce que je deviendrais si je ne t'avais pas !

Je lui pris les mains et les lui baisai.

— N'oublie pas, en t'en allant, de prévenir pour la princesse !

— Non, madame, soyez tranquille.

— Et ajoute que l'on peut remonter la pendule : j'ai les nerfs assez raffermis pour l'entendre sonner... même quatre heures.

Je quittai la reine et transmis les deux ordres qu'elle m'avait chargée de donner.

Puis je montai en voiture en recommandant au cocher d'aller aussi vite que possible, et je partis.

A Maddalone, je croisai une voiture noire avec un cocher et des laquais en deuil. Je tressaillis ; un pressentiment me disait qu'il y avait une veuve dans cette voiture.

J'arrivai à Naples. Je ne m'arrêtai à l'hôtel de l'ambassade que pour dire quelques mots à sir William; puis me rendis au palais, où j'accomplis la commission de la reine, sans avoir la mauvaise chance de rencontrer le roi. Pour revenir d'une même vitesse, j'avais, en descendant de voiture, donné l'ordre de changer les chevaux.

A midi moins quelques minutes, j'étais de retour à Caserte. Sous le péristyle stationnait la voiture drapée en deuil et les domestiques vêtus de noir que j'avais rencontrés sur la route.

En mettant le pied sur le premier degré du grand escalier, je vis la porte des appartements de la reine s'ouvrir.

Une femme en sortit, ensevelie sous de longs voiles de crêpe; elle avait son mouchoir sur les yeux et sanglotait, en marchant pour ainsi dire à tâtons. Je me rangeai; elle passa sans me voir, quoique son vêtement effleurât le mien.

Elle remonta en voiture et partit.

J'entrai chez la reine comme midi sonnait à la pendule.

— Tu es de parole, Emma, me dit-elle. Viens ici.

Je m'approchai, étonnée de ne pas reconnaître

plus d'altération dans sa voix. Je m'attendais à la trouver en larmes et désolée ; je me trompais, elle était froide et résolue.

Je lui présentai la cassette ; elle l'ouvrit avec la clef qu'elle tenait préparée, et, tirant une boucle de cheveux de sa poitrine :

— Tiens, dit-elle, voilà tout ce qui reste de lui.

Elle l'appuya fortement sur ses lèvres et enferma dans la même cassette, avec ses souvenirs d'amour, ce souvenir de mort.

Puis, mettant la cassette sous son oreiller, où elle laissa retomber sa tête, elle ferma les yeux en murmurant cette phrase que déjà une fois j'avais entendue sortir de sa bouche :

— C'est une punition du Ciel !

LXXIV

Par malheur, les événements politiques extérieurs rendirent bientôt à cette âme énergique, qui ne pouvait demeurer sans passion et qui était dévorée du besoin d'aimer ou de haïr, cette espèce de rage apaisée un instant par les douleurs privées.

La réaction thermidorienne, en frappant les hommes qui avaient le plus contribué aux exécutions du roi Louis XVI et de la reine Marie-Antoinette, avait apporté à Marie-Caroline un soulagement momentané; mais cette réaction fut comme le signal d'un redoublement d'énergie pour les armées révolutionnaires. Mes tablettes portent encore aujourd'hui la date des victoires des généraux républicains, dont je prenais note au fur et à mesure que les nouvelles de ces victoires nous arrivaient et nous frappaient d'étonnement; car, enveloppée d'ennemis comme elle l'était, la France nous paraissait devoir être aisément soumise.

Les Autrichiens, qui avaient pénétré dans l'intérieur de la France, se laissaient reprendre, le 16 août, le Quesnoy, par le général Scherer, et, le 27, Valenciennes, par le général Pichegru. Le 30, c'était Condé qui rouvrait ses portes aux armées françaises. Landrecies avait été reprise dès le 30 avril, de sorte que, de quatre places conquises par l'armée de l'empereur, il n'en restait plus une seule en son pouvoir.

Sur la frontière d'Espagne, les choses n'allaient guère mieux; Fontarabie et Saint-Sébastien étaient occupées par le général Moncey, et le fort de Bellegarde venait de tomber aux mains du général Dugommier.

Le général Jourdan, commandant l'armée de Sambre et Meuse, faisait, de son côté, des progrès qui nous donnaient de grandes inquiétudes : après s'être rendu maître d'Aix-la-Chapelle, il avait, le 2 octobre, gagné la bataille d'Aldenhoven, et, le 3, il avait pris Juilliers; puis successivement Andernach, Coblence, Maestricht, Cologne, et cela, tandis que Pichegru prenait Nimègue, occupait Amsterdam, d'où s'enfuyait le stathouder, et s'emparait de la flotte hollandaise, emprisonnée dans les glaces du Texel.

Enfin un traité de paix était intervenu le 9 février 1795 entre la France et la Toscane, et avait introduit la république française dans le système politique de l'Europe.

La reine fit faire par le générel Acton un tableau des forces militaires de la France au commencement de l'année 1795, et il résulta de ce tableau qu'elle avait, le 1er mars, huit armées en campagne : celle du Nord, commandée par le général Moreau; celle de Sambre et Meuse, commandée par le général Jourdan; celle de Rhin et Moselle, commandée par le général Pichegru; celle des Alpes et d'Italie, commandée par le général Kellermann; celle des Pyrénées orientales, commandée par Scherer; celle des Pyrénées occidentales, commandée par Moncey;

celle des côtes de l'Ouest, commandée par Canclaux ;
celles des côtes de Brest et de Cherbourg, enfin,
commandée par Hoche.

Cette attitude formidable produisit un effet plus
grand encore sur la cour d'Espagne que sur celle de
Naples ; car le roi Charles IV, frère du roi Ferdinand,
se décida à traiter avec la France, et la paix fut signée
le 22 juillet 1795.

Prévenu un mois à l'avance par la reine de cette
défection du roi Charles IV, sir William Hamilton en
avertit, de son côté, le gouvernement anglais, qui
put dès lors prendre des mesures dans la prévision
de cette future hostilité.

Tout à coup la nouvelle de la journée du 13 vendé-
miaire — j'emploie cette appellation révolutionnaire
parce que l'histoire l'a consacrée — arriva à son tour
jusqu'à Naples, y apportant pour la seconde fois le
nom de Bonaparte.

Seulement, entre le 19 décembre 1794 et le 4 novembre 1795, le chef de bataillon était devenu général.

Bonaparte sauva la Convention en foudroyant les
sections sur les marches de l'église Saint-Roch.

Cette victoire sur la guerre civile et la protection
du général Barras le conduisirent en peu de mois au
commandement de l'armée d'Italie.

La cour de Vienne crut la France folle en la voyant confier ses destinées à un jeune homme de vingt-six ans, connu seulement par deux victoires remportées sur des Français.

La reine reçut une lettre de son neveu; tous les vieux généraux autrichiens riaient de pitié à la vue de cet enfant qu'on leur opposait, à eux les stratégistes par excellence!

Et, en effet, qu'était la réputation du général Bonaparte, près de celles des Beaulieu, des Wurmser, des Alvinzi et du prince Charles!

Nous attendions avec impatience l'ouverture de la campagne. L'Autriche avait rassemblé cinq armées, cent quatre-vingt mille hommes, à peu près. Bonaparte, avec trente-six mille hommes, s'avançait par Savone au-devant de Beaulieu, qui, de son côté, marchait au-devant de lui avec cinquante mille Autrichiens.

Nous apprîmes presqu'en même temps les nouvelles de la bataille de Montenotte et de celles de Millesimo et de Dego.

Notre stupéfaction fut grande : Beaulieu avait été battu dans les trois rencontres; il avait eu six mille morts, huit mille prisonniers, et avait perdu dix ou douze pièces de canon.

Mais ce fut bien pis lorsqu'on apprit que l'armée

sarde, séparée de l'armée autrichienne, avait été battue à son tour à Mondovi ; que les Autrichiens, au nombre de 10,000 et ayant dix-huit pièces de canon, avaient été forcés et mis en déroute au pont de Lodi par 2,000 Français, commandés par ce même général Bonaparte ; que le général Masséna était entré à Milan, et qu'un traité de paix avait été conclu à Paris entre la république française et le roi de Sardaigne, traité par lequel celui-ci cédait à la République la Savoie, Nice et Tende, donnait à ses armées un passage dans ses États, lui remettait ses places fortes et consentait à la démolition de la Brunette et de Suse.

Mon intention, on le comprendra facilement, n'est pas de suivre cette campagne dans ses détails ; je veux seulement constater les faits et donner une idée de l'impression qu'ils produisirent. Wurmser, succédant à Beaulieu, fut battu à Castiglione, à Roveredo, à Bassano, et forcé de s'enfermer dans Mantoue. Alvinzi, envoyé à son secours, fut battu à Arcole et à Rivoli. Enfin, le prince Charles, qui leur succédait, fut vaincu partout où il fut rencontré.

Tout cela en un an !

La Toscane et la Sardaigne avaient déjà fait la paix avec la France ; le duc de Modène et le pape traitèrent à leur tour. Venise, qui voyait les Français à ses portes, ordonna à Monsieur, frère du roi, qui, depuis la mort du dauphin, prenait le titre de Louis XVIII, de quitter Vérone et les États de la République.

A partir de ce moment, les événements marchèrent avec une effrayante rapidité. Le général Masséna prit Clagenfurth, capitale de la Carinthie; le général Bernadotte prit Leybach, capitale de la Carniole; enfin le général Augereau entra dans Venise, y renversa l'ancien gouvernement et le remplaça par une municipalité démocratique.

La situation était d'autant plus grave pour nous, — je dis *nous*, tant je m'étais identifiée avec la reine, et tant sir William Hamilton ne faisait qu'un avec le roi, — la situation était d'autant plus grave pour nous, que la cour de Naples n'avait cessé de provoquer le vainqueur, envoyant des secours à l'Autriche, ce qui n'eût rien été, mais faisant en outre et lançant des manifestes terribles contre la France.

Dans ces manifestes, le roi n'était en général pour rien que pour sa signature, et souvent même, au lieu de sa signature, apposait-on la griffe destinée à la remplacer; ils s'élaboraient entre le général Acton, le prince de Castelcicala et la reine; et, comme la reine avait une assez laide écriture, c'était presque toujours moi qui tenais la plume.

J'ai conservé un ou deux de ces manifestes, et, par leur véhémence, on jugera de la position dangereuse où la cour des Deux-Siciles s'était mise vis-à-vis du gouvernement français.

«Que rien ne fasse trouver grâce devant nos yeux à ces Français qui ont assassiné leur roi, qui ont déserté les temples, qui ont banni et tué leurs prêtres, qui ont mis à mort leurs meilleurs et leurs plus grands citoyens, qui enfin ont bouleversé non-seulement toutes les lois de la société, mais encore toutes celles de la justice, et qui, non contents de leurs propres crimes, les ont transportés et les ont fait fleurir chez les nations vaincues ou chez celles qui ont été assez crédules pour les recevoir en amis.

» Mais les peuples, lassés, se sont soulevés à leur tour pour les détruire. Imitons l'exemple de ces défenseurs, justes et courageux; confions-nous dans l'aide divine et dans nos propres armes; que des prières soient faites dans toutes les églises. Et vous, pieux Napolitains, mettez-vous en prière pour demander à Dieu le repos du royaume; écoutez la voix de vos prêtres, suivez leurs conseils, qu'ils descendent de la chaire ou qu'ils sortent du confessionnal.

» Et, comme dans toutes les communes des listes sont ouvertes pour les enrôlements volontaires, que tous ceux qui sont propres aux armes écrivent leur

nom sur ces registres d'honneur. Songez que c'est
pour la défense de la patrie, du trône, de la liberté,
de la trois fois sainte religion chrétienne! Songez
qu'il s'agit de vos femmes, de vos enfants, de vos
biens, des douceurs de la vie, des mœurs paternelles,
des lois de vos aïeux! Je serai le compagnon de vos
prières et de vos combats. Qui ne préférerait la mort
à la vie quand on ne peut acheter la vie qu'aux dépens de la liberté et de la justice! »

Puis le roi, ou plutôt ceux qui écrivaient en son
nom continuaient, s'adressant aux évêques, aux curés, aux confesseurs et aux missionnaires :

» Notre volonté est donc que, dans les églises des
deux royaumes, il soit dit des prières de quarante
heures et des oraisons de pénitence, afin de demander à Dieu la tranquillité de nos États; et, dans ce
but, de l'autel, de la chaire, du confessionnal, vous
rappellerez aux Napolitains et aux populations de
notre royaume leurs devoirs de chrétiens et de sujets, de manière qu'ils offrent à Dieu un cœur pur et
au pays un bras armé pour la défense de la religion
et du trône.

» Montrez à vos paroissiens les erreurs où est
tombée la France, les mensonges de la tyrannie
qu'ils appellent liberté, les hérésies, et pis encore,
des troupes françaises; l'universel péril enfin! Ex-

citez le peuple par des processions et d'autres cérémonies saintes, et démontrez clairement à tous que le mouvement révolutionnaire, en secouant la société jusque dans ses bases, frappe de mort ses deux principaux appuis, l'Église et le trône. »

Cette proclamation fut lue à son de trompe dans toutes les rues et dans tous les carrefours de Naples, affichée sur tous les murs, commentée dans toutes les églises.

Les prières de quarante heures furent annoncées par tout le royaume, et commencèrent immédiatement dans l'église métropolitaine de Saint-Janvier.

Les prêtres, il faut le dire, soit conviction, soit fanatisme, secondèrent de leur mieux les intentions de la reine. Les deux souverains se rendirent en grande pompe à la cathédrale, encombrée par les ministres, par les courtisans, par la magistrature, par tout ce qui d'une façon ou de l'autre dépendait du gouvernement. Le peuple suivit l'exemple qui lui était donné; et les églises regorgèrent tellement de monde, qu'il devenait impossible de passer dans les rues, attendu qu'il y a peu de rues à Naples où il n'y ait une église, et que le trop plein des églises stationnait et priait en dehors des portes. Ce fut à partir de ce moment que les Français furent dépeints aux Napolitains comme des voleurs, des assassins,

des brigands, des hérétiques, des excommuniés
envers lesquels on n'était obligé de conserver ni sa
foi ni sa parole; que l'on pouvait poursuivre comme
des Outlaws, poignarder par derrière, empoisonner
au foyer de l'hospitalité, assassiner pendant leur
sommeil, tuer enfin comme des chiens enragés.

Tel est l'aveuglement de la passion, que, moi
aussi, je partageais cette rage contre une nation à
laquelle je suis venue plus tard demander un asile,
et qui me l'a accordé lorsque l'Angleterre, pour laquelle j'avais tout fait, me refusait du pain!

Au reste, on verra quels sentiments je professais
par les quelques lettres de moi que je citerai et auxquelles je ne changerai pas une syllabe.

Mais il y avait une classe de la société qui ne par-
tageait point à Naples cette haine contre les Français,
et qui, par conséquent, ne se joignait pas aux prières que l'on adressait contre eux au Ciel.

C'était toute la classe libre, indépendante, instruite
du *mezzo ceto;* c'étaient les légistes, les médecins, les
philosophes, les avocats, les poëtes. Aussi, la reine,
oubliant cette espèce de repentir qu'elle avait éprouvé
après la mort des premières victimes, et surtout
après celle de Caramanico, fut-elle la première à ré-
organiser la junte d'État et à pousser à une nouvelle
curée les trois hommes que l'on appelait les sbires de

la reine, c'est-à-dire Vanni, Guidobaldi et Castel-cicala.

Les prisons se remplirent de nouveau, et, cette fois, les premiers noms de Naples furent inscrits sur la liste des prisonniers.

Mais, au milieu de tous ces préparatifs non-seulement de guerre défensive, mais encore de guerre offensive, l'armistice de Brescia, qui précédait le traité de Tolentino fait avec Pie VI, vint, comme je l'ai dit, nous frapper de stupeur. Par le traité de Tolentino, le saint-père cédait à la France Bologne, Ferrare et la Romagne, et les provinces cédées avaient le droit de s'ériger en république: ce qu'elles ne manquèrent pas de faire aussitôt leur cession accomplie.

Ainsi, le péril que la reine avait cru éloigné se rapprochait de plus en plus; les Français reculaient, mais les principes révolutionnaires faisaient un pas en avant, mais l'*idée*, plus forte que les hommes, prenait racine au lieu qu'ils avaient quitté.

Le général Acton et la reine comprirent qu'il n'y avait pas un instant à perdre. Ils savaient que le Directoire poussait Bonaparte à tirer vengeance du gouvernement des Deux-Siciles, et que celui-ci avait répondu:

« Aujourd'hui, nous ne sommes point encore assez

puissants pour donner à cette vengeance tout l'éclat dont elle a besoin; mais un jour viendra où nous lui ferons payer toutes ses trahisons passées, présentes et futures, et le roi Ferdinaud et la reine Caroline n'auront, je vous en réponds, rien perdu pour attendre! »

Cette réponse avait été rapportée mot pour mot à la cour de Naples, et, quoiqu'elle suspendît la vengeance encore pour quelque temps, le roi eut si grande peur de cette épée de Damoclès suspendue au-dessus de sa tête, qu'il envoya le prince de Belmonte à Bonaparte, avec mission d'obtenir de lui à tout prix un traité de paix.

Le 11 octobre 1797, le traité suivant fut signé par les mandataires des deux puissances.

Je le cite tout entier pour que l'on puisse juger de l'état de dépendance où la crainte avait mis la cour de Naples vis-à-vis de la république française.

Au reste, de même que plus on abaisse le vase, plus il se remplit d'eau, plus on abaissait le cœur de la reine, plus il se remplissait de haine.

Les termes de ce traité n'étaient point ambigus; les voici :

« Naples, se séparant de ses autres alliances, restera neutre et fermera l'entrée de ses ports à tous les vaisseaux des puissances qui sont en guerre avec la France.

» Quatre vaisseaux ennemis de la France pourront y être reçus, mais seulement au maximum.

» On rendra la liberté à tous les Français qui pourraient être emprisonnés pour cause politique.

» Il sera fait des recherches sérieuses pour découvrir ceux qui ont volé les papiers du ministre Mackau.

» Les Français seront libres d'exercer les différents cultes qu'ils professeront.

» On signera avec la république française des traités de commerce qui donneront à la France, dans les ports de Sicile, les mêmes droits que les nations les plus favorisées.

» On reconnaîtra la république batave, et on la tiendra comme comprise dans le présent traité de paix. »

En outre, il y avait un article qui devait rester secret et n'être connu que des contractants; il était conçu en ces termes :

«Le roi payera à la république français huit millions de francs (deux millions de ducats).

» Les Français, de leur côté, avant qu'ils s'accordent avec le souverain pontife, ne dépasseront point la forteresse d'Ancône, et ne seconderont ni morale-

ment ni matériellement, les mouvements militaires
de l'Italie méridionale. »

LXXV

Les choses avaient bien changé en un an.

Ce petit général Buonaparte, que tout le monde
raillait, victorieux après une campagne que l'on
pouvait mettre à côté des plus beaux faits d'armes
d'Alexandre, d'Annibal et de César, avait été baptisé
par le Directoire du nom d'*homme de la Providence*, et la république française lui avait donné un
drapeau sur lequel était écrit en lettres d'or : « Le
général Bonaparte a détruit cinq armées, a été victorieux dans dix-huit batailles rangées et dans
soixante-sept combats, a fait prisonniers de guerre
160,000 soldats ennemis, a envoyé en France 160
drapeaux pour décorer nos édifices militaires, 1,180
pièces d'artillerie pour en enrichir nos arsenaux,
200 millions au Trésor, et 51 bâtiments de guerre
dans nos ports ; les chefs-d'œuvre de l'art pour em-
bellir nos galeries et nos musées, de précieux ma-

nuscrits pour nos bibliothèques publiques ; il a enfin affranchi dix-huit peuples. »

On comprend dans quelle exaspération ces honneurs rendus à notre ennemi, mettaient la cour de Naples, sir William Hamilton et moi ; — moi comme amie de la reine, partageant toutes ses sympathies et toutes ses haines, sir William Hamilton comme ambassadeur d'Angleterre.

La reine fut prise d'un accès de rage, comme je lui en ai peu vu, le jour où le gouvernement des Deux-Siciles fut forcé de reconnaître la république cisalpine.

Le traité de Campo-Formio, signé entre la France et l'Autriche, avait une grande importance. La France étendait d'un côté ses frontières jusqu'aux Alpes, de l'autre jusqu'au Rhin ; l'Autriche perdait du territoire, mais gagnait des sujets ; en échange de la république cisalpine qui s'élevait, la république de Venise tombait et devenait la propriété de l'empereur.

La paix semblait assurée ; mais sir William riait de son rire diplomatique quand on lui parlait de la durée de cette paix.

— Tant que l'Angleterre sera en guerre, disait-il, le monde, et surtout la France, ne saurait être en paix.

La reine, qui ne paraissait pas plus que sir William prendre cette paix au sérieux, en profita pour
célébrer les noces du prince héréditaire avec l'archiduchesse Clémentine. J'aurai peu à parler de ce
prince, qui n'a joué qu'un rôle plus que secondaire
tout le temps que je restai à la cour de Naples, et
rien à dire de cette princesse, qui n'en a pas joué
du tout.

Le prince était alors un bon gros garçon de vingt
et un ans, très-gras, très-rose, très-adroit, très-in-
struit, très-fin et très-muet. Les yeux fixés sur l'Europe, il ne perdait pas un des détails du grand
drame historique qui s'y accomplissait, et cependant il ne paraissait rien voir ; épouvanté des vio-
lences de sa mère, il s'étudiait, quoiqu'il fût déjà en
âge et fort capable de donner son avis, à demeurer
étranger à toutes les questions qui se présentaient,
fussent-elles de la plus haute importance pour le
trône des Deux-Siciles, et, par conséquent, pour lui,
puisqu'il en était l'héritier. De même que le roi
paraissait, au milieu de tous ces bouleversements
plus préoccupé d'une chasse à Astroni ou à Persano
que de la chute ou de l'élévation d'une république,
lui paraissait plus préoccupé des découvertes de
Mesmer, de Montgolfier et de Lavoisier que de l'armistice de Brescia ou du traité de Tolentino. Sa

mère l'aimait peu, et, dans l'intimité, le déclarait aussi stupide que son père.

Le bien-aimé de Marie-Caroline était le prince Léopold, âgé à cette époque de huit ou neuf ans. Il est vrai que c'était un adorable enfant, beau comme le jour et plein de malice et d'esprit.

L'autre prince était un enfant de six ans, très-faible de santé, appelé Albert, que j'eus — je raconterai plus tard comment — la douleur non-seulement de voir, mais encore de sentir mourir entre mes bras.

Une escadre napolitaine alla chercher la jeune archiduchesse à Trieste et la conduisit à Manfredonia, où l'attendait le prince François, quoique les cérémonies du mariage ne dussent s'accomplir qu'à Foggia, c'est-à-dire à cinq ou six lieues dans l'intérieur des terres.

Le roi et la reine avaient accompagné leur fils; j'étais du voyage, bien entendu. Sir William Hamilton était resté à Naples.

J'avais hâte de voir la fiancée, que l'on disait, du reste, assez insignifiante. Cela eût été vrai si une pâleur que je ne vis jamais se colorer du moindre incarnat, et une mélancolie profonde, n'avaient donné à la physionomie de la princesse un grand intérêt. D'où venaient cette tristesse et cette pâleur?

Personne ne le sut jamais. Peut-être de quelque amour laissé, mais non oublié à la cour des Césars; peut-être aussi n'était-ce que ce signe fatal empreint sur le visage de ceux qui doivent mourir jeunes.

Le mariage fut célébré dans la seconde moitié du mois de juin, et de grandes faveurs furent accordées à cette occasion. Acton, premier ministre, fut nommé capitaine général. Quarante-quatre siéges épiscopaux vacants furent remplis par quarante-quatre évêques nouveaux; c'était un grand sacrifice que faisait le roi, car, tant que ces siéges étaient vacants, il en touchait les revenus. Des grades et des cordons furent accordés aux officiers qui, dans la guerre d'Italie, s'étaient déclarés contre la France. Enfin, beaucoup d'habitants de Foggia furent créés marquis, vu leur titre d'habitants des Marches, et en récompense des énormes dépenses qu'ils avaient faites à propos du mariage du prince héréditaire.

Je me suis laissé entraîner à suivre ce mariage jusqu'au bout, quelque peu d'importance qu'il ait pris, non-seulement dans la vie publique, mais encore dans la vie privée du prince François; cela m'a écartée des graves événements qui s'étaient passés à la cour de Rome, et dont celle de Naples devait, un an plus tard, subir le contre-coup

Je veux parler de l'assassinat du général français Duphot.

Placée comme je l'étais, rien d'un pareil incident ne devait rester pour moi ignoré ni obscur.

Je le raconterai dans quelques détails; car c'est à lui que l'on dut l'occupation de Rome par les Français et, par suite, la proclamation de la république romaine.

Aujourd'hui que j'écris à distance des événements et surtout des haines de l'époque, j'espère mettre dans mon récit l'impartialité, je ne dirai pas d'un juge, mais d'un historien.

On comprendra facilement que, depuis que l'on avait autorisé les Romagnes à s'établir en république, il s'était formé un parti républicain à Rome.

Ce parti se composait particulièrement des artistes français habitant la ville; ils eussent cru manquer, en effet, à tous leurs devoirs de patriotes s'il n'eussent point essayé par tous les moyens de faire des prosélytes au gouvernement qu'ils représentaient.

C'était le frère de Napoléon Bonaparte (Joseph Bonaparte) qui était ambassadeur à Rome. La famille avait grandi vite, soutenue par la main puissante de l'*homme de la Providence*, comme l'appelait le Directoire.

Joseph Bonaparte, dans lequel nous étions loin de

deviner le futur usurpateur du trône de Naples, faisait tout ce qu'il pouvait pour contenir les républicains, leur disant que le moment n'était point encore
venu.

Malgré tous ses efforts, le 26 décembre 1797, ils
avertirent l'ambassadeur qu'un mouvement se pré-
parait ; il les congédia, les suppliant, comme toujours, de s'opposer, s'ils le pouvaient, pour quelque
temps encore à ce mouvement.

Ils se retirèrent, promettant de s'y employer.

Le lendemain, le chevalier d'Azara, ministre d'Espagne, donna lui-même à Joseph Bonaparte avis de
la démonstration projetée.

En effet, le 28 décembre, cette démonstration avait
lieu. Chargés par les dragons, fusillés par une compagnie d'infanterie, les républicains se refugièrent
sous les portiques du palais Corsini, qu'habitait
l'ambassadeur.

Comme l'événement qui suivit a été raconté de
beaucoup de façons différentes, je me contenterai de
transcrire ici le rapport officiel de Joseph Bonaparte ;
il nous en fut envoyé une copie, et c'est sur cette
copie que je transcris ce que l'on va lire ; comme la
pièce est inconnue ou à peu près, elle aura, je l'espère, un certain intérêt.

Je prends le récit de l'ambassadeur où j'ai interrompu le mien :

« ... Un artiste français, arrivant, nous prévint que l'attroupement devenait nombreux ; qu'il avait distingué dans la foule des espions bien connus du gouvernement qui criaient plus fort que les autres : « Vive le peuple romain ! vive la République ! » que l'on jetait des piastres à pleines mains ; que la rue était obstruée. Je le chargeai de descendre aussitôt et de faire connaître ma volonté aux attroupés. Les militaires français qui étaient autour de moi me demandèrent l'ordre de dissiper le rassemblement par la force, ce qui attestait de leur dévouement ; je pris les insignes de mes fonctions et priai les officiers de me suivre. Je préférais parler moi-même aux émeutiers, dont je parlais la langue.

» En sortant de mon cabinet, nous entendîmes une décharge prolongée ; c'était un piquet de cavalerie qui, entrant dans ma juridiction sans m'en prévenir, l'avait traversée au galop et avait fait feu par les trois vastes portiques du palais. La foule s'était alors précipitée dans les cours et sur les escaliers. Je rencontrai sur mon passage des mourants, des gens fuyant intimidés, des frénétiques audacieux, des gens payés pour exciter et dénoncer le mouvement. Une compagnie de fusiliers avait suivi

de près les cavaliers : je la trouvai en partie s'avançant dans les vestibules. A mon aspect, elle s'arrêta.
Je cherchai des yeux le chef ; il était caché dans les
rangs, je ne pus le distinguer. Je demandai à cette
troupe par quel ordre elle était entrée dans la juridiction de France ; je lui enjoignis de se retirer, elle
se retira alors de quelques pas. Croyant avoir réussi
de ce côté, je me retournai vers les attroupés, qui
s'étaient réfugiés dans l'intérieur des cours. Quelques-
uns s'avançaient déjà contre les troupes à mesure
que celles-ci s'éloignaient ; je leur dis, d'un ton décidé, que le premier d'entre eux qui oserait dépasser
le milieu de la cour aurait affaire à moi ; en même
temps, le général Duphot, Scherlack, deux autres
officiers et moi, nous tirâmes le sabre pour retenir
cette troupe désarmée, où l'on apercevait à peine
quelques pistolets et quelques poignards ; mais,
tandis que nous étions occupés de ce côté, les fusiliers, qui ne s'étaient retirés que pour se mettre hors
de la portée des pistolets, firent une décharge géné-
nérale. Plusieurs balles mortes allèrent tuer les
hommes des derniers rangs. Nous qui étions au milieu fûmes respectés ; après quoi, la compagnie se
retira encore pour recharger.

» Je profite de cet instant, je recommande au co-
lonel Beauharnais, aide de camp du général Bona-

parte, qui se trouvait par hasard près de moi au retour d'une mission dans le Levant, et à l'adjoint aux adjudants généraux Arrighi, de contenir, le sabre à la main, cette troupe, qui était animée de sentiments divers, et je m'avance avec le général Duphot et l'adjudant général Scherlack, pour persuader à ses chefs de quitter la place et de cesser le feu ; je les somme de se retirer de la juridiction de France, disant que l'ambassadeur se chargeait de faire punir les attroupés ; qu'ils n'avaient qu'à envoyer, à cet effet, quelques-uns d'entre eux au Vatican, chez leur général, le gouverneur de Rome, le sénateur, ou tout autre homme public ; qu'alors tout se terminerait sans effusion de sang. Le trop brave Duphot, accoutumé à vaincre, s'élance ; d'un saut, il est entre les baïonnettes des soldats qu'il s'efforce de calmer. Nous le suivons, le général Scherlack et moi, par instinct national.

» Entraîné par le courant, Duphot s'avance jusqu'à une porte de la ville nommée *Settimiana* ; je vois un soldat qui lui décharge son mousquet au milieu de la poitrine ; il tombe, puis se relève en s'appuyant sur son sabre. Je l'appelle, il veut revenir à moi. Un second coup l'étend sur le pavé ; plus de cinquante coups se dirigent encore sur son corps inanimé ! Scherlack n'est pas atteint ; il m'indique

une route détournée qui nous conduit aux jardins
du palais et nous soustrait aux coups des assassins
de Duphot, et à ceux d'une autre compagnie qui
arrivait et faisait feu de l'autre côté de la rue. Les
deux officiers, pressés par cette seconde compagnie,
se réunissent à nous ; il nous faut envisager un nouveau danger : la nouvelle compagnie pourrait entrer
librement dans le palais, où ma femme et ma sœur,
celle qui devait être, le lendemain, l'épouse du brave
Duphot, venaient d'être emportées de force par mes
secrétaires et deux jeunes artistes.

» Nous regagnâmes le palais par le jardin ; les
cours étaient encombrées par les lâches et astucieux
scélérats qui avaient préludé à cette scène horrible.
Une vingtaine d'entre eux et des citoyens paisibles
étaient restés morts. Je rentre dans le palais, les
marches sont couvertes de sang ; les moribonds se
traînent, les blessés gémissent. On parvient à fermer les trois portes de la façade de la rue. Les la-
mentations de la fiancée de Duphot, de ce jeune
héros qui, constamment à l'avant-garde des armées
des Pyrénées et d'Italie, avait toujours été victorieux,
égorgé sans défense par de lâches brigands ; l'absence
de sa mère et de son frère, que la curiosité avait
éloignés du palais pour voir les monuments de
Rome ; la fusillade qui continuait dans les rues et

contre les portes du palais : les premières pièces du vaste palais Corsini que j'habitais encombrées par des gens dont on ignorait les intentions ; ces circonstances et tant d'autres ont rendu cette scène la plus cruelle que l'on puisse imaginer.

» Je fis appeler mes domestiques ; trois étaient absents, un avait été blessé. Je fis placer les armes qui nous avaient servi en voyage dans la partie du palais que j'occupais. Un sentiment d'orgueil national que je ne pus vaincre dicta aux jeunes officiers le projet d'aller enlever le cadavre de leur malheureux général ; ils y réussirent avec l'aide de plusieurs domestiques fidèles, en passant par un chemin détourné, malgré le feu que la soldatesque lâche et effrénée de Rome continuait sur le champ du massacre.

» Ils trouvèrent le corps de ce brave général qui naguère était animé d'un si sublime héroïsme, dépouillé, percé de coups, souillé de sang, couvert de pierres amoncelées...

» A six heures du matin, quatorze heures après l'assassinat du général Duphot, l'investissement de mon palais, le massacre des gens qui l'entouraient, aucun Romain ne s'était encore présenté à moi, chargé par le gouvernement de s'informer de l'état des choses. Je me décidai à demander mes passe-ports

15.

et à quitter Rome immédiatement. Je suis parti après
avoir assuré l'état du peu de Français restés dans
les États romains. Le chevalier Angiolini a été
chargé de leur délivrer des passe-ports pour la Toscane, où ils me trouveront avec les officiers et les
serviteurs qui ne m'ont pas quitté depuis le moment
où il y a eu quelque péril.

» En terminant ce récit, je croirais faire injure à
des républicains si j'insistais sur la vengeance que le
gouvernement français doit tirer de ce gouvernement
impie, volontairement assassin des premiers ambassadeurs français qu'on a daigné lui envoyer et d'un
général distingué comme un prodige de valeur
dans une armée où chaque soldat a été un héros.

» Citoyen ministre, je ne tarderai pas à me rendre
à Paris ; dès que j'aurai mis ordre aux affaires qui
me restent à régler, je vous donnerai sur le gouvernement de Rome de nouveaux détails, et je vous
exprimerai mon avis sur la punition qu'il convient
de lui infliger.

» Ce gouvernement ne se dément point : astucieux
et téméraire pour obtenir le crime, lâche et rampant
lorsqu'il l'a obtenu, il est aujourd'hui aux genoux du
ministre d'Azara, pour qu'il se rende à Florence
auprès de moi, afin de me ramener à Rome. C'est ce
que m'écrit ce généreux ami des Français, digne

d'habiter une terre où l'on sache mieux apprécier
ses vertus et sa noble loyauté.

» JOSEPH BONAPARTE.

» Florence, 30 décembre 1797. »

LXXVIII

J'avoue que je suis toujours étonnée quand je
repose la plume après avoir écrit des lignes pareilles
à celles qu'on vient de lire. Moi, la femme frivole
par excellence, prédestinée par mes goûts, mon caractère, mon tempérament, à vivre hors de toute
intrigue politique, comme un papillon ou comme un
oiseau, dans un monde de soie, de gaze, de chants
et d'harmonie, je transcris de lourds rapports tout
tachés de sang, qui appellent les peuples à la guerre
et à la vengeance ! N'ai-je pas l'air de Vénus Aphro-
dite couvrant du masque de Némésis son visage au
doux sourire, ses yeux aux douces promesses, sa
bouche aux doux serments ?

Mais j'ai entrepris le récit des événements auxquels j'ai pris part, et je ne puis reculer maintenant devant la tâche que je me suis imposée ; la voix de ma conscience, et peut-être aussi celle du repentir, me crie : « Marche ! » Et, forcée d'obéir à cette voix d'en haut, je continue.

Ce rapport de Joseph Bonaparte produisit à Paris une profonde sensation. Bonaparte était le dieu du moment : toucher à l'un de ses frères était plus qu'un crime de lèse-majesté, c'était un crime de lèse-divinité !

Aussi, voyez la lettre que le citoyen Talleyrand, ce thermomètre de l'esprit public, lui adressait en réponse à son rapport :

« 11 janvier 1798.

» J'ai reçu, citoyen, la lettre déchirante que vous m'avez écrite sur les événements affreux qui se sont passés à Rome le 8 nivôse. Malgré le soin que vous avez mis à cacher tout ce qui vous est personnel dans cette horrible journée, vous n'avez pu me laisser ignorer que vous avez manifesté au plus haut degré l'intrépidité, le sang-froid et cette intelligence à qui rien n'échappe, et que vous avez soutenu avec magnanimité l'honneur du nom français. Le Directoire me charge de vous exprimer de la manière la plus forte et la plus sensible sa vive satisfaction sur toute votre conduite. Vous croirez aisément, j'espère, que je suis heureux d'être l'organe de ses sentiments... »

Le Directoire commença par demander la punition des assassins ; mais, soit négligence, soit complicité, aucun ne fut livré aux tribunaux, ni inquiété le moins du monde. On sut que le chef des assassins, nommé Amadeo, s'était emparé de l'épée et du ceinturon du mort, que le curé de la paroisse voisine s'était adjugé la montre, que les autres enfin s'étaient partagé l'argent et les habits.

Le Directoire ordonna au général Berthier, qui en l'absence de Bonaparte commandait en Italie, de marcher sur Rome.

Berthier reçut l'ordre à Milan et se mit en mouvement le lendemain même du jour où il le reçut. Le 29 janvier, son avant-garde était à Macerata ; le 10 février, toutes les troupes étaient réunies sous les murs de Rome, et un détachement prenait possession du château Saint-Ange, que les soldats pontificaux ne tentèrent même pas de défendre.

Mais le général Berthier empêcha que l'on allât plus loin ; seulement, il prévint les chefs des agitateurs qu'ils pouvaient compter sur son appui.

Le 16 février, vingt-troisième anniversaire de

l'exaltation de Pie VI au trône pontifical, une foule de séditieux se rassemblèrent dans l'ancien *forum Romanum*, et s'acheminèrent de là vers le Vatican, où, sous les fenêtres du souverain pontife, ils firent entendre le cri de « Vive la République ! »

Par respect, dirent-ils, non pas pour le pape, mais pour le vieillard, ils n'envahirent pas le Vatican; mais ils s'emparèrent de toute la ville et rédigèrent une adresse qui proclamait la souveraineté du peuple, lequel peuple répudiait toute complicité dans les meurtres de Basseville et de Duphot, et qui abolissait l'autorité pontificale, eu égard aux choses politiques, économiques et civiles, en constituant un gouvernement républicain libre et indépendant.

Les chefs du mouvement s'empressèrent d'envoyer au général Berthier, pour lui remettre ces actes, une députation de huit d'entre eux.

Le général fit aussitôt son entrée par la porte du Peuple, et, le même jour, il monta au Capitole, où, parodiant les anciens triomphateurs romains, il salua, au nom du Directoire, la nouvelle République, reconnue libre et indépendante de la France, et qui se composait de tout le territoire laissé au pape par le traité de Tolentino.

Le lendemain, quatorze cardinaux, qui avaient eu la lâcheté de signer l'acte d'affranchissement et leur renonciation à tout droit politique (1), chantèrent le *Te Deum* dans la basilique de Saint-Pierre.

Le général Cervoni, chargé de signifier à Pie VI sa déchéance, pénétra jusqu'au saint vieillard, et le trouva agenouillé et priant.

Pie VI reçut avec une parfaite sérénité la signification de la déchéance de ses droits temporels, et, sommé de reconnaître le nouveau gouvernement, répondit :

— Ma souveraineté me vient de Dieu ; il ne m'est point permis d'y renoncer. J'ai quatre-vingts ans, la vie est donc pour moi peu de chose. Quant aux outrages et à la souffrance, je ne les crains pas.

Mais, comme la présence du saint-père à Rome était incompatible avec le nouveau gouvernement, Pie VI reçut l'invitation de quitter la capitale du monde chrétien, et, en effet, le 20 février, il partit pour la Toscane.

Toutes ces nouvelles nous arrivèrent en même temps, et causèrent, on le comprend bien, un grand trouble dans notre cour. La République, poussée pas à pas par les Français, faisait chaque jour un nouveau progrès en Italie et n'était plus qu'à trente

(1) Que l'on n'oublie point que c'est une Anglaise, notre ennemie et l'amie de la reine Caroline, qui parle ainsi.

lieues de nous. Le gouvernement des Deux-Siciles pensa qu'il devait prendre ses précautions contre ce menaçant adversaire.

Sans se préoccuper du traité qu'il avait signé avec la France le 19 février 1797, c'est-à-dire quatorze mois à peine auparavant, Ferdinand signa avec l'empereur son neveu, le 19 mai 1798, un traité qui infirmait complétement le premier.

En exécution de ce traité, l'empereur devait garder 60,000 hommes armés dans le Tyrol, et Ferdinand en réunir 30,000 sur les frontières napolitaines.

Par un hasard singulier, le 19 mai 1798 fut le jour même où la flotte française mit à la voile et sortit de Toulon pour l'expédition d'Égypte.

On savait les préparatifs que faisait la France; mais on ignorait quelle contrée menaçait ce formidable armement.

Le commandant de la flotte anglaise, sir Jean Jervis, depuis lors comte de Saint-Vincent, s'obstina à voir dans les préparatifs de la Répuplique un projet d'expédition dans l'Océan. Il se contenta donc de fermer le détroit de Gibraltar et de bloquer la flotte espagnole dans le port de Cadix.

Dans cette conviction toujours, il expédia Nelson, qui servait sous ses ordres, avec trois vaisseaux de ligne, quatre frégates et une corvette, pour surveiller le port de Toulon, promettant, d'ailleurs, de lui envoyer du secours à première réquisition.

Le 9 mai, Nelson quittait la baie de Cadix ; mais c'était déjà trop tard. Arrivé au golfe de Lyon, une tempête dispersa ses vaisseaux et démâta celui qu'il montait.

Il entra, pour réparer ses avaries, dans le port de Saint-Pierre, remorqué par un vaisseau qui avait moins souffert que le sien.

Pendant son séjour au port Saint-Pierre, il apprenait le départ de la flotte française de Toulon, et il expédiait un bâtiment à sir Jervis pour lui demander le secours promis.

Mais, le 8 juin seulement, c'est-à-dire trois semaines après la mise à la voile de la flotte française, Nelson put rallier ce secours, qui se composait de dix vaisseaux de soixante-quatorze et d'un de cinquante.

A la tête de son escadre, Nelson se mit à la recherche de la flotte française. Sur les côtes méridionales de la Corse, il apprit qu'elle avait été vue entre le cap Corse et l'Italie.

L'idée vint à Nelson — et cette idée avait quelque probabilité — que la flotte française était dirigée sur Naples.

Il fit force de voiles vers Naples.

Le 15 juin, il était aux îles de Ponsa, et nous envoyait son officier de confiance, mieux encore son ami, le capitaine Troubridge, pour s'aboucher avec le capitaine général et sir William Hamilton.

Troubridge était chargé d'une lettre de Nelson pour moi.

L'effet que j'avais produit sur ce grand homme ne m'avait point échappé; aussi trouvais-je étrange que, pouvant venir à Naples lui-même, ayant une occasion de me revoir enfin, il la laissât échapper.

Sa lettre m'expliqua tout.

La voici :

« Milady,

» Si j'allais à Naples, si je descendais à terre, si je vous revoyais, je risquerais de manquer à tous mes devoirs, qui sont de poursuivre la flotte française sans perdre un instant.

» Troubridge vous remettra cette lettre, qui, au lieu d'être une preuve d'indifférence, devient, par l'explication qu'elle vous donne, une preuve de la violence du sentiment que j'éprouve pour vous.

» Aussitôt Troubridge de retour, selon les indications qu'il recevra du capitaine général et de sir William, je continue mon chemin.

» Fussent-ils à l'autre bout du monde, je rejoindrai les Français, et vous me reverrez vainqueur et digne de vous, milady, ou vous ne me reverrez pas!

» Mille fois votre

» HORACE NELSON. »

Cette lettre, sans dire grand'chose à mon cœur, flattait sensiblement mon orgueil. Nelson, pendant les cinq ans qui venaient de s'écouler, s'était battu en héros, ou plutôt, comme il me le dit plus tard, en homme qui voulait se faire tuer. J'ai déjà raconté qu'il s'était fait crever un œil à Calvi; ce n'était point le tout : il s'était fait emporter un bras à Ténériffe.

Cette fois, il promettait de revenir digne de moi ou de ne pas revenir du tout; j'étais sûre qu'il tiendrait parole. Nelson n'était pas un de ces hommes qui promettent vainement.

De la terrasse du palais, je vis le majestueux spectacle de la flotte défilant devant Naples. A l'aide d'une lunette, sir William me fit remarquer le vaisseau qui portait le pavillon amiral. Je ne pouvais distinguer ce qui se passait à bord; mais j'étais certaine que Nelson avait les yeux fixés

sur le palais, comme j'avais les yeux fixés sur so
vaisseau.

La flotte divisa lentement sa masse devant le rocher de Capri : une partie passa à sa droite, l'autre
à sa gauche; elle demeura trois jours sans disparaître entièrement, car il faisait calme.

Ce calme fut cause que, le 25 juin seulement,
Nelson était au fort de Messine.

Là, il apprit que Bonaparte s'était emparé de
Malte en passant; qu'il y avait laissé une garnison
de quatre mille hommes et avait continué son chemin vers l'Orient.

Du Phare, et en date du 25, Nelson écrivit à sir
William pour lui annoncer cette nouvelle et à moi
pour me renouveler l'assurance des sentiments qu'il
m'avait voués.

Nous reçûmes ses lettres le 30 du même mois;
je répondis aussitôt :

« Cher monsieur,

» Je profite de l'offre du capitaine Hope pour
vous écrire quelques lignes et vous remercier de
l'aimable lettre que vous m'avez fait parvenir par
l'entremise du capitaine Bowen.

» La reine a éprouvé le plus grand plaisir lorsque
je lui ai traduit ce que vous dites d'obligeant pour

elle. Elle me charge de vous remercier et de vous assurer qu'elle prie pour votre salut; quant à la victoire, elle est sûre que vous l'aurez.

» Nous avons encore ici le régicide ministre Garat, le plus insolent, le plus impudent animal diplomatique qu'il soit possible d'imaginer, et je vois clairement que la cour de Naples devra déclarer la guerre si elle veut sauver le pays, car l'ambassadeur français fait tous les jours les plus menaçantes observations.

» Sa Majesté comprend la vérité de tout ce que vous dites dans votre lettre à sir William, datée du phare de Messine. Vous êtes dans la vraie lumière qui éclaire les événements. Ainsi en est-il du général Acton.

» Mais, par malheur, le premier ministre Gatto est un homme léger et superficiel, un ignorant roide et empesé comme une crête de coq, et qui ne songe à rien autre chose qu'à la façon dont lui va son habit brodé et à l'effet que fait sa bague de diamants; la moitié de Naples le croit à demi Français; je suis d'avis que l'autre moitié se trompe en le croyant Napolitain.

» La reine et Acton ne peuvent pas le souffrir. N'ayez donc aucun souci de lui; n'étant soutenu que par le roi, il ne saurait avoir grande puissance.

Mais encore, un premier ministre, bien qu'il soit un premier ministre de fumée, est toujours quelque chose, assez enfin pour faire un mauvais tour.

» A propos, vous savez que les trois ou quatre cents jacobins que l'on tenait en prison ont tous — après trois ou quatre ans de cachot, au reste, — été déclarés innocents. Si je crois tout ce que l'on dit d'eux, autour de moi, la moitié au moins mériteraient d'être pendus. C'est Garat, par son influence, et Gatto, par sa faiblesse, peut-être même par sa sympathie, qui ont fait le beau coup de rendre ces gentils messieurs à la société.

» En somme, je suis fort effrayée et regarde tout comme à peu près perdu ici. J'en suis affligée aux larmes pour notre chère et charmante reine, qui mérite vraiment un meilleur sort.

» Vous comprenez, mon cher monsieur, que je vous écris tout cela en confidence et en hâte.

» J'espère que vous ne quitterez pas la Méditerranée sans *nous* prendre. Nous avons notre congé et toutes choses prêtes pour partir au moment où nous en recevrons l'avis; mais, en attendant, je prie Dieu pour qu'il vous aide à detruire ces monstres de Français. Le règne de pareils impies ne saurait être de longue durée.

» Si vous avez une occasion, écrivez-nous; vous

ne sauriez croire quel baume vos lettres sont pour nous.

» Que Dieu vous bénisse, mon très-cher sir! Et croyez-moi à jamais votre très-sincèrement obligée et attachée amie,

» EMMA HAMILTON. »

Cette lettre rejoignit Nelson en mer, et comme il cherchait, sans pouvoir la trouver, la flotte française.

LXXIX

En effet, Nelson avait complétement perdu la trace de Bonaparte et des trois cent cinquante bâtiments que celui-ci traînait à sa suite. Retenu quelques jours dans le détroit de Messine par le sirocco, il profita d'une saute de vent pour doubler Reggio et entrer dans la haute mer.

Convaincu enfin que Bonaparte se rendait en Égypte, il mit le cap droit sur Alexandrie; mais il y arriva avant la flotte française, l'amiral Brueys, sans doute pour dérouter ceux qui pourraient le poursuivre ayant appuyé du côté de l'île de Candie.

Mal reçu par le gouverneur d'Alexandrie, qui menaçait de faire feu sur lui s'il essayait de forcer la passe, ne sachant quelle route avait faite la flotte française, supposant, puisqu'elle n'était point à Alexandrie, qu'elle faisait voile pour Constantinople, Nelson longea au hasard les côtes de la Caramanie et de la Morée pour essayer d'y prendre des nouvelles, et, après avoir parcouru tout l'archipel, manquant d'eau et de vivres, il fut obligé de revenir en Sicile.

Il me dit plus d'une fois que, du 30 juin, époque où il sortit du détroit de Messine, jusqu'au 21 juillet, jour où il entra dans le port de Syracuse, il avait failli devenir fou.

La situation était grave, en effet, et un orage terrible s'amassait contre lui en Angleterre ; lorsqu'on sut qu'il avait laissé sortir de Toulon, et que, pendant un mois, il avait vainement cherché dans la Méditerranée, c'est-à-dire dans un grand lac, une flotte composée de près de quatre cents voiles, de toute part on se demanda s'il n'était pas un traître que l'on dût mettre en jugement, et l'amiral Saint-Vincent une tête légère ayant encouru le blâme de l'Amirauté pour lui avoir présenté comme contre-amiral un officier indigne de ce grade.

Le seul espoir de Nelson était en nous, ou plutôt en moi.

Je devais obtenir de la reine que, malgré les traités avec la France, il reçût tous les secours dont il avait besoin des gouverneurs des ports de Sicile ; car, si la cour de Sicile restait dans les termes de son traité avec la France, Nelson était obligé d'aller se refaire à Gibraltar, et il était perdu.

Une éclatante victoire pouvait seule le sauver.

Cette lettre, qu'il écrivait le 22 juillet à lord Saint-Vincent, donnera une idée de la situation de son esprit :

« Syracuse, 22 juillet 1798.

» Mon cher lord,

» J'ai une quantité de lettres et de papiers à vous envoyer ; mais, n'ayant point de frégate pour vous les porter, et ne pouvant en ce moment me séparer de *l'Orion*, je vous laisse à juger de mon embarras. Je suis aussi ignorant de l'endroit où peut être la flotte française que le jour où j'ai doublé le cap Passaro. Ce dont je suis certain, c'est que, le 18 juin, elle commençait à sortir du port de Malte. Le mardi, dans la nuit, tous les bâtiments étaient dehors, et, le mercredi au matin, elle a été vue fai-

sant grande marche avec un vent d'ouest-nord-ouest.
Ceci m'a été assuré par quatorze personnes ; au delà,
tout est conjectures. Si la flotte eût fait route pour
le couchant, je suis certain que, de tout port et
même de tout point de la Sicile où elle aurait été
vue, on se serait empressé de m'en avertir. Je n'ose
pas vous en dire davantage; mais je suis persuadé
que nous sommes trahis, et il est plus que probable
que cette lettre, que je suis forcé de vous envoyer
par Naples, n'arrivera pas même à Naples, ou au
moins suis-je sûr que le ministre français en aura
une copie, s'il ne la copie pas lui même. Quant à
moi, je vous dis que, s'il n'y a pas impossibilité sur
un point ou sur un autre, je rejoindrai la flotte
française. La nôtre n'a pas un seul homme malade.
Je vous ai donné des détails sur toute chose et vous
ai dit jusqu'à ma plus intime pensée. Dieu vous
bénisse !

» Pour toujours votre fidèle,

» Horatio Nelson.

» *P.-S.* La façon dont on nous reçoit dans les
ports de Sicile est honteuse; le gouverneur nous
avoue que, s'il en avait eu les moyens, il était forcé
par les ordres reçus d'empêcher notre entré . Acton

avait promis de donner des ordres ; *mais aucun n'a été envoyé*. Que pensez-vous de cela ? »

Le même jour, Nelson, désespéré, presque furieux, écrivait à sir William Hamilton :

« *Van-Guard*, Syracuse, 22 juillet 1798.

» Mon cher monsieur,

» Je suis extrêmement étonné que le roi de Naples ait donné l'ordre de ne laisser entrer dans ses ports que trois ou quatre bâtiments anglais au plus. J'avais compris, moi, que des instructions secrètes avaient été données pour notre libre admission. Si l'on doit continuer de me refuser tous les objets dont j'ai besoin, faites-le-moi savoir le plus promptement possible par le premier bâtiment venu, afin que je puisse avoir le temps d'aller me ravitailler à Gibraltar. La manière dont on nous traite est scandaleuse pour une grande nation. La bannière de Sa Majesté Britannique a, en réalité, été insultée dans tous les ports amis.

» Je suis, avec le plus grand respect, etc.

» HORACE NELSON. »

Grâce à moi cependant, ces instructions secrètes avaient été données ; seulement, elles arrivaient un peu tard. Le même jour où Nelson écrivait cette lettre, le gouverneur du port de Syracuse et ceux des autres ports étaient avisés de lui fournir, en vivres, en eau, en bois, toutes les choses dont il aurait besoin, et surtout de ne plus limiter le nombre des vaisseaux qui entreraient dans les ports.

Aussi, le lendemain, Nelson nous faisait-il amende honorable par cette lettre :

« Syracuse, 23 juillet 1798.

» Mes bons amis,

» Merci de toutes vos peines! Nous avons des vivres et de l'eau, et certainement, en puisant notre eau à la fontaine Aréthuse, c'est un présage de victoire. Nous mettrons à la voile à la première brise favorable; et soyez persuadés que je reviendrai ou couronné de lauriers ou couvert de cyprès.

» H. N. »

Deux jours après, Nelson écrivait de nouveau à sir William :

« Syracuse, 25 juillet 1798.

» Mon cher monsieur,

» La flotte est prête, et, au moment même où le vent soufflera de terre, je sortirai de cette délicieuse rade où nos besoins ont été si grandement satisfaits et où toute attention nous a été prodiguée. Mais j'ai été bien tourmenté tant qu'aucune instruction secrète n'avait été donnée au gouverneur pour notre admission. J'ai la ferme espérance que je retrouverai la flotte française. L'événement alors sera dans les mains de la Providence, de la bonté de laquelle je ne doute pas.

» Mes hommages à lady Hamilton, et croyez-moi pour toujours votre fidèle,

» H. NELSON. »

Le vent qu'attendait Nelson vint dans la nuit du 25 au 26 juillet, et, la flotte étant prête à mettre à la voile, l'ordre de lever l'ancre fut donné.

Nelson se dirigea vers la Grèce.

Le 28 juillet, le *Culloden*, passant devant la Morée, entra dans le golfe de Coron, interrogea le gouverneur turc, et apprit de lui que les Français étaient à Alexandrie. Le *Culloden* rejoignit aussitôt l'amiral, et l'on donna, avec des signaux, l'ordre de se diriger à toutes voiles sur Alexandrie.

On arriva devant ce port le Ier août à midi ; mais les Français l'avaient déjà quitté et s'étaient avancés vers l'est. On continua de suivre leur sillage, et, à

16.

deux heures trois quarts, *le Zélé*, qui tenait la tête, annonça qu'il voyait seize bâtiments de ligne à l'ancre.

A trois heures, Nelson donna le signal de se préparer au combat.

Ce n'est point à moi de raconter cette terrible bataille du Nil, qui dura deux jours. Jamais victoire ne fut plus complète; jamais pareil désastre n'épouvanta la mer. Un vaisseau français, *l'Orient*, sauta en l'air; un vaisseau et une frégate furent coulés à fond; neuf bâtiments furent pris; mais, sur ces neuf bâtiments, trois étaient dans un tel état, que le vainqueur fut obligé d'y mettre le feu le lendemain, et, deux jours après, de faire pareille exécution de deux autres.

Malheureusement, Nelson avait reçu une cruelle blessure! Une vergue, coupée par un boulet français, lui était tombée sur le front au moment où il levait la tête au bruit que le boulet faisait en la brisant; la vergue lui avait coupé et abattu la peau du front jusque sur la bouche. Nelson se crut blessé mortellement, tant avait été grande la violence du coup. Il fit aussitôt monter le chapelain, pour lui confier ses dernières volontés ; mais avec le chapelain était monté le docteur, qui examina le crâne et n'y reconnaissant aucune fracture, — ce qui était facile à voir, puisque l'os était à nu, — releva la peau du front, la remit à sa place et l'assujettit avec un bandeau.

Nelson, revoyant le jour, auquel il croyait avoir dit un éternel adieu, reprit, par un effort surhumain, le commandement du *Van-Guard*, et, retrouvant toute sa force, toute sa présence d'esprit, tout son sang-froid, resta sur son banc de quart et continua de commander le feu jusqu'à l'entière destruction de la flotte française.

Puis, tout blessé, tout aveuglé qu'il était, il prit la plume, et nous écrivit, à sir William et à moi :

« 2 août, au soir.

» Mes bons amis,

» Victoire complète! la flotte française est détruite! Le capitaine Capel, qui part sur *la Mutine*, vous portera cette lettre et vous donnera tous les détails que je ne puis vous donner moi-même.

» J'ai reçu une légère blessure; ne vous en inquiétez pas.

» Pour toujours votre fidèle,

» HORACE NELSON.

» Transmettez, je vous prie, avec mes plus respectueux hommages, cette bonne nouvelle à notre aimable reine. »

Le capitaine Capel partit, en effet, sur *la Mutine* et arriva le 4 septembre à Naples, nous annonçant de vive voix que Nelson arriverait quelques jours après lui et avait indiqué le port de Naples comme lieu de rendez-vous à toute sa flotte, dont chaque bâtiment, plus ou moins mutilé, ne pouvait marcher que selon les forces qui lui restaient.

Après s'être acquitté de sa commission, le capitaine Capel écrivait à Nelson :

« Seigneur amiral,

» Il m'est impossible de vous exprimer la joie qui brillait sur toutes les figures et le tonnerre d'applaudissements et d'acclamations qui nous accueillit à notre arrivée. La reine et lady Hamilton se sont toutes deux évanouies de joie. En somme, sir, tous vous acclament le libérateur de l'Europe. Un courrier partira demain matin pour Vienne. Je l'accompagnerai pour ne pas perdre un seul instant. Je reçois toutes les assistances possibles de sir William Hamilton et des autres ministres étrangers, qui tous se sont empressés d'envoyer à leurs cours la glorieuse nouvelle.

» J'ai l'honneur d'être avec respect, etc.

» CAPEL. »

Quant moi, dans le premier moment, j'écrivis à Nelson une lettre toute d'abondance, que je ne saurais citer ici, n'en ayant point gardé la copie, mais que Nelson reproduit en partie dans la lettre suivante, qu'il écrivait à sa femme :

« En mer, 16 septembre 1798.

» Le royaume des Deux-Siciles est fou de joie ; depuis le roi jusqu'au dernier paysan il en est ainsi. En effet, d'après ce que me disait lady Hamilton dans sa lettre, la situation de la reine faisait vraiment pitié. Je vous répète les propres paroles de lady Hamilton :

« Comment pourrais-je vous peindre les trans-
» ports de la reine? C'est véritablement chose impos-
» sible. Elle pleure, elle crie, elle court par les cham-
» bres de son appartement comme une folle ; elle
» embrasse tous ceux qu'elle rencontre, riant et
» pleurant à la fois. *O brave Nelson!* s'écrie-t-elle à
» tout propos ; *Dieu bénisse notre libérateur! O Nel-*
» *son! Nelson! que ne vous devons-nous pas! O vain-*
» *queur, ô sauveur de l'Italie! Pourquoi mon cœur*
» *reconnaissant ne peut-il de près et à vous-même*
» *exprimer sa reconnaissance!* »

» Vous pouvez, chère Fanny, juger du reste. Adieu! ma tête ne me permet pas de vous dire la

moitié de ce que je voudrais ; toutes mes fatigues ont
été sur le point d'être perdues, mais Dieu m'a protégé.

» Votre H. NELSON. »

Il faut savoir les honneurs qui furent rendus à
Nelson et les récompenses sous lesquelles il fut
littéralement écrasé par tous les souverains de l'Europe, pour se faire une idée du degré de haine, de
terreur, peut-être, qu'inspirait, à cette époque, la
France à l'Europe entière.

Nous en fîmes un jour la liste avec Nelson ; — cette
liste, la voici ; elle va d'octobre 1798 à octobre 1799.

D'abord, du roi et de la reine d'Angleterre, la
dignité de pair d'Angleterre et une médaille d'or ;

De la Chambre des communes, sur un message
du roi du 22 novembre 1798, pour lui et ses deux
plus proches héritiers, le titre de baron du Nil et
de Burnham-Thorpe, avec une rente de deux mille
livres sterling, commençant à courir du 1ᵉʳ août
1798, jour de la bataille du Nil ;

Du Parlement anglais, pour lui et pour ses deux
plus proches héritiers, une autre rente de deux
mille livres sterling ;

Du Parlement d'Irlande, une rente de mille autres livres sterling ;

De la Compagnie des Indes occidentales, dix mille livres sterling une fois données ;

De la Compagnie turque, un service de vaisselle plate ;

De la ville de Londres, une épée avec poignée enrichie de diamants ;

Du Grand Seigneur, une boucle en diamants, avec le *chelmik*, ou la plume du triomphe, évaluée deux mille livres sterling, et une riche pelisse évaluée mille livres ;

De la mère du Grand Seigneur, la sultane Validé, une tabatière ornée de diamants, valant mille livres ;

De l'empereur Paul de Russie, une boîte enrichie de diamants, d'une valeur de deux mille livres sterling ;

Du roi des Deux-Siciles, une épée à poignée incrustée de diamants, d'une valeur de cinq mille livres sterling ;

Du roi de Sardaigne, une tabatière en diamants, évaluée douze cents livres sterling ;

Du gouvernement de l'île de Zante, une épée à poignée d'or et une canne à pomme d'or ;

De la ville de Palerme, une tabatière et une chaîne d'or sur un plat d'argent.

Mais le don le plus original, et, si je puis dire,

le plus anglais, et qui causa le plus de plaisir à
Nelson, fut celui que lui fit son ami le capitaine
Benjamin Hallowell, commandant du *Sweffsure*.

Le vaisseau français *l'Orient* sauta en l'air,
comme je l'ai dit, et ses débris, en retombant, couvrirent au loin la mer. Parmi ces débris, le capitaine
Ben Hallowell remarqua le grand mât qui était resté
intact. Il mit toutes les chaloupes à la mer, et, s'in-
quiétant peu des nageurs qui se débattaient au
milieu de ces débris, il ordonna seulement de sauver le grand mât de *l'Orient*. Toutes les chaloupes
du *Sweffsure* s'y attelèrent et le ramenèrent à bord.
Aussitôt, Ben Hallowell appela le serrurier et le
charpentier, et, dans la partie la plus épaisse du
grand mât, il leur fit tailler un cercueil qui fut ferré
avec les ferrements et les clous arrachés à ce même
grand mât; puis, le cercueil terminé, il l'envoya
à Nelson, avec la lettre suivante :

> *Au loyal et honorable lord Nelson,*
> *chevalier baronnet.*

» Milord,

» Je vous envoie un cercueil entièrement con-
struit avec le bois et les ferrements du grand mât

du vaisseau *l'Orient*, afin que, quand vous quitterez ce monde, vous puissiez reposer dans vos propres trophées ; l'espoir que ce jour est encore loin de nous est le désir sincère de votre obéissant et affectionné serviteur,

» BEN HALLOWEL.

» *Swcffsure*, **23** mai **1799**. »

Nelson, comme je l'ai dit, accueillit ce cadeau avec une satisfaction marquée. Pendant quelque temps, il le conserva debout dans sa chambre, appuyé à la muraille avec son couvercle, et précisément derrière le fauteuil où il s'asseyait pour manger. Un vieux domestique, que ce meuble posthume attristait, obtint de Nelson qu'il fût transporté dans le faux pont.

Quand Nelson abandonna le *Van-Guard* horriblement mutilé, le cercueil passa avec lui à bord du *Foudroyant*, où il resta longtemps sur le tillac du bâtiment.

Un jour, les jeunes officiers du *Foudroyant* admiraient le don du capitaine Ben Hallowell ; mais Nelson leur cria de sa chambre :

— Admirez tant que vous voudrez, messieurs ; mais pas un de vous ne l'aura.

Hélas ! inutile de dire que le pauvre Nelson repose

dans le cercueil que lui avait préparé Ben Hallowell.

J'avoue que la main m'a tremblé et que les larmes me sont venues aux yeux en rappelant ces détails funèbres ; mais ils font partie de la gloire et de la grandeur de mon héros, et je ne me suis pas cru le droit de les passer sous silence.

LXXX

Le 19, nous reçûmes l'avis que Nelson était le 16 à la hauteur de Stromboli. On supposa qu'il ne pouvait tarder à arriver à Naples, et, au risque de ce que pourrait penser, dire ou faire l'ambassadeur de la république française Garat, on prépara des fêtes splendides. Trois jours auparavant étaient arrivés *l'Alexandre* et *le Culloden,* qui, étant moins maltraités que le *Van-Guard,* l'avaient précédé de cinq jours.

On mit des vigies au cap Campanella, et sur le point le plus élevé du rocher de Capri. Ces vigies devaient, par des signaux, annoncer la flotte de Nelson et faire immédiatement passer à Naples la nouvelle de son arrivée.

Puis on para magnifiquement une grande barque; on y mit une tente de pourpre couronnée des armes d'Angleterre et des Deux-Siciles; on la couvrit de trophées des drapeaux des deux nations réunies; on prépara douze ou quinze barques pour faire cortége à la barque capitane, et l'on attendit, avec ordre donné à toute la cour que chacun se tînt prêt à aller au-devant de Nelson au premier signal.

Pendant ce temps, la reine avait redoublé de tendresse pour moi, et m'avait admise au partage de ses plus secrètes pensées.

Marie-Caroline ne se dissimulait pas que les fêtes qu'elle allait donner au vainqueur du Nil, c'était la guerre avec la France; et, tout affaiblie qu'elle était par la perte de sa flotte et de 30,000 hommes qui étaient enfermés avec Bonaparte en Égypte, la France n'en était pas moins un ennemi à craindre, sinon à ménager.

Donc, il fallait que la cour de Naples eût à tout prix Nelson, et, derrière Nelson, l'Angleterre.

Or, c'est sur moi que comptait la reine pour avoir Nelson.

La fière Marie-Caroline priait l'ambassadrice d'Angleterre comme la pauvre Fanny Strong avait prié l'humble Emma. Ferais-je moins pour une reine que je n'avais fait pour une petite paysanne?

Ma vie avait commencé par la séduction de l'amiral John Payne; elle devait aboutir à la séduction de l'amiral Horace Nelson.

J'admirais Nelson, mais je ne l'aimais pas encore; mon amour pour lui m'est venu de son grand amour pour moi. Les sentiments portés à l'extrême ont, eux aussi, leur contagion.

Je promis à la reine de faire ce que je pourrais; mais j'objectai sir William.

Caroline se mit à rire.

— Bon! dit-elle, sir William est trop bon Anglais pour ne pas donner, lui aussi, sa récompense au vainqueur du Nil. D'ailleurs, il n'a pas besoin d'être consulté pour cela. Si c'était moi qu'aimât Nelson, je ne prendrais certes pas la peine de consulter le roi sur ce qu'il me plairait de faire.

— Majesté, répondis-je, le roi Ferdinand était prince royal, et vous étiez archiduchesse d'Autriche; vous lui avez apporté autant et même plus qu'il ne vous apportait. Il n'en est point ainsi entre sir William Hamilton et moi. Qu'étais-je, lorsqu'il m'a épousée? La maîtresse de son neveu. Qu'étais-je, avant d'être la maîtresse de son neveu? Il l'a oublié, madame; je crains de l'en faire souvenir.

La reine me mit la main sur la bouche.

— Nous arrangerons tout cela, dit-elle, et pour

le mieux. Celui qui voudrait autre chose que ton bonheur serait mon plus grand ennemi. Songe donc si je voudrais te faire malheureuse !

Je restai toute pensive, sentant bien que s'approchait de moi un de ces événements qui prennent une influence sur toute la vie !...

Le 22 septembre au matin, vers les six heures, nous fûmes avertis que deux ou trois vaisseaux de haut bord étaient signalés par les vigies, et que l'un d'eux portait le pavillon de vice-amiral.

Depuis cinq ou six jours, dans l'attente de l'événement, le roi se privait de la chasse ; ce qui lui arrachait de gros soupirs auxquels la reine ne faisait aucune attention.

Aussitôt les ordres furent donnés pour que chacun se trouvât au poste qui lui était assigné ; les curés de toutes les paroisses furent avertis de tenir leurs cloches prêtes à être mises en branle, les commandants de tous les forts de charger leurs canons, la réception que l'on comptait faire à Nelson étant la même que l'on eût faite à un roi.

L'amiral Caracciolo était chargé de la direction de la petite flottille qui allait au-devant de Nelson. Il commandait naturellement la galère capitane que devaient monter le roi et la reine. Afin d'être prêt à toute heure du jour et de la nuit, depuis l'arrivée

du *Culloden* et de *l'Alexandre*, il demeurait constamment à bord.

La reine avait abandonné à sir William Hamilton, en sa qualité d'ambassadeur d'Angleterre, —
et peut-être aussi pour quelque autre raison qu'elle
ne disait pas — l'honneur d'être l'hôte de Nelson ;
et, particulièrement le jour de son arrivée, il devait
entièrement nous appartenir.

Sir William avait fait de grands préparatifs, et
j'avais, avec une grande joie, je dirai presque avec
un grand orgueil, donné mes soins à toutes les parties de ces préparatifs qui avaient besoin d'être diri-
gées par l'œil et réglées par le goût d'une femme.

Comme presque toujours, j'avais passé la nuit
au palais ; il était rare que la reine me laissât retourner à l'ambassade d'Angleterre. Seul, sir William eût eu le droit de se plaindre, et il ne se plaignait pas. Sir William avait, à cette époque-là, près
de soixante-sept ans.

La reine, qui voulait que je fusse plus belle que
jamais, faisait les plus grands projets pour ma
toilette ; mais ma résolution était prise : je ne
voulais pas d'autre costume que celui dans lequel
Rowmney m'avait peinte lorsque nous étions, sir
William et moi, retournés à Londres pour faire
reconnaître notre mariage. Ce costume se com-

posait, on le sait, d'une longue robe de cachemire blanc faite en forme de tunique grecque, serrée à la taille par une ceinture de maroquin rouge brodée d'or, s'agrafant avec un magnifique camée, qui n'était autre que le portrait de sir William. Mes cheveux, pour lesquels j'ai toujours détesté tout ornement étranger, retomberaient, sans poudre, sur mes épaules, et je m'envelopperais d'un châle de l'Inde rouge à grandes fleurs d'or, qui m'avait souvent servi pour danser, chez la reine et dans nos soirées intimes, la danse du châle que j'avais inventée, et qui, depuis, a été adoptée par toutes les danseuses.

La reine, au contraire, fit une toilette royale et se couvrit de diamants. Le roi aussi devait être en grand costume, couvert de ses ordres de famille, Espagne, France et Autriche.

A huit heures du matin, tout le monde était prêt.

Nous descendîmes au port militaire par la rampe de l'arsenal. La galère capitane nous attendait; François Caracciolo, en grand costume d'amiral napolitain, était à son banc de quart.

A peine la reine et le roi furent-ils descendus à bord, que de tous côtés retentirent les salves des canons des forts et les cloches des trois cents églises de Naples lancées à toute volée.

La ville présentait un majestueux spectacle avec toutes ses tours couronnées de fumée et illuminées par des éclairs.

La capitane se mit en route; elle était faite sur le modèle des anciennes galères romaines. C'était sir William Hamilton qui en avait donné le dessin, et il prétendait que c'était précisément celui de la galère dans laquelle Cléopâtre était venue trouver Antoine.

La reine disait en riant que c'était une allusion que faisait l'ambassadeur d'Angleterre, et qu'il ne s'opposerait aucunement à ce que la nouvelle Cléopâtre, en aimant un autre Antoine, poussât avec la reine d'Égypte la ressemblance jusqu'au bout.

Toute la flottille se mit en marche, la galère capitane tenant la tête avec ses quarante rameurs.

C'était vraiment une admirable chose à voir, dans ce golfe où l'azur de la mer le dispute en profondeur et en limpidité à l'azur du ciel, par une belle matinée de septembre toute ruisselante de lumière, que ces douze ou quinze barques, plus riches et plus élégantes les unes que les autres, avec leurs tentes de pourpre, leurs pavillons flottants, leurs fleurs laissant derrière chacune d'elles un sillage embaumé, et toutes s'avançant au son des cloches, au bruit du canon, aux acclamations de cette innombrable population de Naples amassée sur le môle et sur les quais, agitant ses mouchoirs, jetant en l'air ses bonnets, et criant frénétiquement : « Vive le roi ! Vive Nelson ! A bas les Français ! »

La reine se mordait les lèvres avec un sourire de haine ; car, parmi tous ces cris, on n'entendait pas un seul cri de « Vive la reine ! »

Nous fûmes, au reste, bientôt assez éloignés de la ville pour qu'on cessât d'entendre toutes les rumeurs humaines ; le seul bruit qui arrivât encore jusqu'à nous était celui des cloches et du canon.

Dès notre sortie du port, nous avions aperçu à l'horizon le vaisseau au-devant duquel nous marchions ; il venait vent arrière, et la brise qui le poussait nous eût empêchés d'avancer si, privés de rames, nous eussions été obligés d'aller à la voile.

Il résultait de cette marche simultanée des deux flottilles à la rencontre l'une de l'autre, que l'intervalle existant entre elles diminuait rapidement.

Le navire le plus rapproché portait, à son grand mât, comme l'avaient dit les vigies, le pavillon de contre-amiral ; et d'ailleurs, l'amiral Caracciolo, avec cet œil infaillible du marin, reconnaissait le *Van-Guard*.

Sans doute, Nelson, de son côté, avait-il malgré la distance, découvert et reconnu la petite flottille ;

car, devinant qu'elle venait à lui et pour lui, il tira un coup de canon dont nous vîmes la fumée bien longtemps avant d'entendre le coup, et pareil, à une flamme, hissa à sa corne le pavillon rouge d'Angleterre.

Nous ne pouvions pas lui rendre coup pour coup, car nous n'avions point d'artillerie à bord ; mais, à l'instant, toute notre musique, dirigée par Dominique Cimarosa, éclata en joyeuses fanfares ; et j'avoue que, pour ma part, j'aimais autant cette façon de rendre sa politesse à Nelson que de le saluer avec la voix brutale du canon.

Ce n'était pas sans une vive émotion que je me sentais entraînée au-devant du héros que je savais follement amoureux de moi. Aucun sentiment n'avait encore dans mon cœur de caractère assez décidé pour que je pusse me dire à moi-même quelle sensation j'éprouverais à sa vue ; seulement, je comprenais, aux frémissements qui passaient par tout mon corps, aux pâleurs et aux rougeurs successives qui envahissaient mon visage, que cette sensation serait violente.

Le *Van-Guard* avait dépassé le cap Campanella, et nous avions dépassé, nous, Torre-del-Greco ; nous étions de trois milles à peine éloignés les uns des autres ; un quart d'heure, vingt minutes encore, et la galère capitane serait bord à bord avec le *Van-Guard*. La reine vit mon trouble, et, comme j'étais assise à ses pieds, selon mon habitude, elle se pencha à mon oreille.

— Allons, folle, du courage ! Rappelle-toi Fanny Strong, l'amiral John Payne, et le matelot Richard ; seulement, celle qui te prie, ce n'est plus Fanny Strong, c'est la reine de Naples ; celui au-devant duquel nous allons, ce n'est plus l'amiral John Payne, c'est l'amiral Horatio Nelson ; enfin, ce qu'il s'agit de sauver, ce n'est point un pauvre matelot, c'est un riche royaume.

— Ah ! madame, lui dis-je, c'est justement cela qui m'effraye. Si le but n'était pas si élevé, mon effroi serait moindre ; mais il a toujours été si loin de ma pensée, qu'un matin on me dirait : « Le salut d'un royaume dépend de toi, » qu'au moment où cette grave mission m'est départie, j'hésite et ne me sens point la force de la remplir.

La reine me prit la main et me la serra de manière à me communiquer sa force par une espèce de transmission magnétique. Et, en effet, tant qu'elle me tenait la main, je me sentais fortifiée et presque exaltée.

Nous continuâmes d'avancer ainsi, et nous nous trouvâmes enfin bord à bord avec le *Van-Guard*.

Je ne voyais plus, je n'entendais plus rien ; j'étais dans un état à peu près pareil à celui dans lequel me plongeait le docteur Graham dans mes premières séances d'exposition sur le lit d'Apollon. Je compris que la reine me disait de me lever, je sentis qu'elle me poussait vers l'échelle. Machinalement, et sans m'apercevoir que je montais la première, ce qui était contre toutes les règles de l'étiquette, je saisis la rampe et montai. Au haut de l'escalier, Nelson attendait chapeau bas.

Là, je recouvrai la vie ; là, je me retrouvai en face de celui que je n'avais pas vu depuis son voyage de Toulon à Naples. Depuis ce temps, il avait perdu un œil, perdu un bras ; un bandeau noir lui couvrait le front, cachant sa dernière blessure. Je vis tout cet ensemble de mutilations ; un immense sentiment de pitié s'empara de moi, je ne compris qu'une récompense digne du héros que j'avais devant les yeux, j'ouvris les bras, et je me laissai aller sur son cœur en m'écriant :

— Oh ! mon Dieu, est-ce possible ?... Cher et grand Nelson !

J'étais tout près de m'évanouir ; par bonheur, les larmes jaillirent à torrents de mes yeux, les sanglots soulagèrent mon cœur ; sans quoi, j'eusse étouffé.

A partir de ce moment, j'étais aussi complétement à Nelson que s'il m'eût déjà possédée.

C'était plus qu'une résignation, c'était plus qu'un dévouement, c'était plus qu'un amour, c'était une fatalité !

LXXXI

Le roi et la reine montèrent derrière moi ; ils me trouvèrent dans l'état que j'ai dit, presque évanouie sur la poitrine de Nelson, retenue contre son cœur par son bras unique. Son chapeau était tombé sur le pont, et, dans l'extase du bonheur, il tenait sa tête renversée en arrière en regardant le ciel.

Enfin, les hourras des matelots montés sur les vergues le rappelèrent à lui ; il abaissa son regard sur la terre et vit ce qui s'y passait.

Il avait autour de lui le roi, la reine, les ministres, les courtisans, tous venant rendre hommage au héros d'Aboukir, comme ils fussent venus rendre hommage au dieu de la victoire lui-même.

Le roi tenait à la main une magnifique épée enrichie de diamants, ayant une valeur matérielle de cinq mille livres sterling, mais une valeur historique incalculable : c'était l'épée donnée par Louis XIV à Philippe V partant pour l'Espagne, et par Philippe V à son fils quand celui-ci était parti pour Naples.

Le roi Philippe V, en la donnant à don Carlos, lui avait dit : « Cette épée appartient au conquérant du royaume de Naples; » et don Carlos, en la léguant lui-même à son fils, avait dit : « Cette épée appartient au défenseur du royaume que je t'ai conquis. »

Ferdinand regardait Nelson comme le sauveur du royaume et lui donnait le magnifique héritage de Louis XIV, venu jusqu'à lui par son grand-père et son père.

De son côté, la reine présenta au glorieux mutilé le brevet de duc de Bronte; — magnifique flatterie, puisque, Bronte étant un des trois cyclopes qui forgent la foudre, elle le nommait en réalité duc du Tonnerre.

A ce duché était attaché un revenu de trois mille livres sterling.

En outre, le roi annonça à Nelson qu'il avait l'intention de créer un ordre militaire du Mérite de Saint-Ferdinand, et lui promit le premier grand cordon de cet ordre qui serait distribué après les brevets de famille.

Pour donner à ses nobles visiteurs toute facilité de monter à bord, le *Van-Guard* avait mis en panne. Je pensai que la flatterie la plus agréable à Nelson serait de le prier de nous faire voir les cicatrices de son bâtiment, non moins mutilé que lui-même. Cette inspection le forçait de nous raconter la bataille, et, par conséquent, de nous parler de lui.

Nous commençâmes naturellement par la cabine de l'amiral. A peine y fûmes-nous entrés par la porte, qu'un petit oiseau du genre des becfigues y entra par la fenêtre, et vint se poser sur l'épaule du maître. Étonné de la familiarité de ce nouvel hôte, j'allais interroger Nelson, lorsque celui-ci jeta un cri de joie.

— Oh! dit-il, sois le bienvenu, et aujourd'hui plus que jamais, mon charmant compagnon!

Et il prit le petit oiseau dans sa main, le baisa et me le donna à baiser, puis le reposa sur son épaule, où il demeura perché sans paraître aucunement préoccupé de notre présence.

Ce que venait de dire Nelson me faisait vivement désirer d'avoir une explication sur le charmant petit animal qui semblait, lui aussi, venir complimenter le vainqueur du Nil. Je voyais la même curiosité dans les yeux de la reine, dans ceux du roi et des spectateurs.

— Écoutez ce que je vais vous dire, reprit Nelson, et ne regardez point ceci pour un conte de la veillée de Noël. Ce petit oiseau est mon bon génie !

— Comment cela, milord ? demandai-je.

— Les anciens ne combattaient pas sans consulter les augures, assure-t-on. Moi, je ne devrais jamais combattre non plus sans consulter mon petit oiseau : c'est mon augure, à moi.

— Oh ! racontez-nous cela, milord ! dit la reine.

— En vérité, je ne sais si un pareil enfantillage vaut la peine d'être raconté à Votre Majesté, dit Nelson.

— Oh ! oui, oui, nous écriâmes-nous simultanément, la reine et moi.

— Eh bien, madame, eh bien, milady, dans quelque pays du monde que je me trouve, lorsqu'il doit m'arriver quelque chose d'heureux, ou que je dois remporter une victoire, un oiseau de cette espèce — je n'oserais pas dire que c'est le même — vient se poser sur mon épaule. Au contraire, quand il doit m'arriver un malheur, il disparaît. Ainsi, la première fois que je le vis, c'était dans l'Amérique du Nord, au Canada. Poursuivi par quatre frégates françaises, je n'avais d'autre issue qu'une passe que l'on jugeait impraticable ; il vint se poser sur mon épaule. Je lançai mon brick à travers les roches, et je franchis la passe ! La passe franchie, l'oiseau s'envola... Lorsqu'il y a cinq ans, je vins de Toulon à Naples, je traversais le canal d'Ischia, j'étais sur le pont, l'oiseau vint se poser sur mon épaule. Le lendemain, Sa Majesté le roi de Naples daignait me recevoir comme un ami et sir William comme un fils. La reine me donnait sa main à baiser; vous, milady, vous me disiez : « Cette maison est la vôtre, » en m'offrant un appartement à l'hôtel de l'ambassade... Au siége de Calvi, où j'ai perdu un œil, au siége de Ténériffe, où j'ai perdu un bras, je n'ai pas vu mon gentil prophète. Mais, le matin d'Aboukir, il est venu se poser sur mon épaule, et le voilà de nouveau. Il est entré en même temps que vous dans ma cabine. J'ai donc raison de dire que cet oiseau est mon bon génie. Le jour où, à la veille d'une bataille, je ne le verrai pas, je ferai mon testament; car, le lendemain, selon toute probabilité, sera mon dernier jour... Mais pardon de vous avoir entretenue d'une pareille folie ! Vous le savez, madame, les marins ont des superstitions; mon cher petit oiseau en est une, et plus que jamais désormais je croirai en lui !

— Et, demandai-je à Nelson, jamais il ne s'est posé sur l'épaule d'un autre que vous ?

— Jamais.

— Jamais il ne s'est laissé prendre par une autre main que la vôtre ?

— Jamais… Si cependant vous essayiez…

J'allongeai la main, l'oiseau se laissa prendre. Je ne sais pourquoi j'étais toute joyeuse d'avoir quelque chose de commun avec ce héros.

Je lâchai l'oiseau, qui alla se reposer sur l'épaule de Nelson.

— Ah ! madame, dis-je à la reine, essayez donc à votre tour.

La reine allongea la main ; mais le becfigue jeta un petit cri d'effroi, s'envola vers la fenêtre et disparut.

Nelson tenait ma main, il la serra. Je ne pus m'empêcher de lui répondre en serrant la sienne.

Cet incident, auquel je pensai si souvent depuis, nous détourna pendant quelques instants de la visite que nous avions commencée ; nous la reprîmes dans tous ses détails. En comptant les trous des boulets qui avaient criblé la carène du *Van-Guard,* on se demandait comment le bâtiment n'avait point coulé à fond, et comment tout l'équipage, depuis le premier jusqu'au dernier homme, n'avait pas été tué.

Il était une heure. Il fallait au moins deux heures et demie pour regagner Naples ; puis nous avions le *Te Deum* à entendre. Sir William, qui avait commandé un dîner digne d'Apicius, craignit pour son dîner, et avertit le roi qu'en restant plus longtemps à bord du *Van-Guard*, on risquait de manger tout froid ou tout brûlé.

Le roi Ferdinand était très-sensible à ces sortes d'observations ; il dit deux mots à la reine, laquelle invita Nelson à passer à bord de la galère capitane.

C'était au tour de l'amiral Caracciolo de faire les honneurs de la galère. Il vint se mettre au bas de l'escalier du *Van-Guard*, reçut le roi, la reine et moi d'abord ; puis le prince royal et sa sœur, sur laquelle, avec ou sans intention, on me donnait presque toujours le pas ; puis les ministres, les ambassadeurs, les grands officiers, tous ceux enfin qui étaient venus sur la galère capitane, plus Nelson.

L'échange de politesses entre les deux amiraux fut court et froid. Caracciolo, d'ailleurs, ne parlait point anglais, pas plus que Nelson ne parlait l'italien. Il fit à son collègue un compliment sur le combat des bouches du Nil ; Nelson, ne pouvant répondre, sourit et salua.

On mit le cap sur Naples. Caracciolo remonta sur son banc de quart. La reine fit asseoir Nelson entre elle et moi.

A peine eût-on vu des forts que la flottille se détachait du *Van-Guard* et reprenait la route de Naples, que les canons recommencèrent à tonner et les cloches à faire retentir leurs plus joyeux carillons.

Au moment où Nelson avait mis le pied à bord de la galère, la musique, sur un signe de Cimarosa, avait entonné le *God save the king*¡ magnifique chant, comme on sait, commandé par Louis XIV à Lully pour faire honneur à Jacques II, exilé à Saint-Germain en Laye. Nelson, simple fils d'un pasteur de Burnham-Thorpe, qui n'avait jamais mis le pied à la cour, et, selon toute probabilité, n'avait jamais parlé à un roi, à une reine, ni même à un prince, était enivré, presque fou. Mes yeux, qui ne cherchaient point à lui cacher tout l'intérêt qu'il avait fait naître en moi, achevaient de porter le trouble dans son esprit.

Ce retour vers Naples semblait une résurrection des théories antiques, alors que rentrait vainqueur à Athènes Miltiade ou Thémistocle.

Mais ce fut bien mieux encore quand on se rapprocha de la terre; quand Nelson put voir le môle, les quais, les plates-formes des tours, les terrasses des maisons, couverts de spectateurs; quand il put entendre les exclamations, les vivats, les hourras de la foule; quand l'artillerie redoubla ses salves, quand les cloches redoublèrent leurs volées; enfin quand Naples tout entière, cette ville si bruyante dans tous les temps, tripla, quadrupla, quintupla les bruits de toute espèce qui, dans les occasions extraordinaires, sont l'expression de la joie ou de la colère de ses cinq cent mille habitants !

Encore affaibli de sa dernière blessure, deux ou trois fois il pâlit visiblement et parut près de se trouver mal.

Avant de quitter la galère capitane, sur la prière de la reine, j'invitai l'amiral Caracciolo à venir prendre sa part de la fête que nous donnions à son collègue anglais l'amiral Nelson; mais, soit que le prince napolitain nous regardât comme de trop mauvaise compagnie pour lui, soit que vraiment son excuse fût réelle, il me répondit, avec beaucoup de courtoisie au reste, que, la nuit menaçant d'être mauvaise et le port de Naples étant de médiocre sûreté, il devait veiller lui-même à l'ancrage des bâtiments de Sa Majesté Britannique, qui, déjà fort maltraités par le combat, n'auraient peut-être plus assez de force pour lutter contre la tempête.

Bonne ou mauvaise, j'acceptai cette explication; mais, comme sa sœur et sa nièce Cecilia étaient invitées au bal qui devait suivre le dîner, je lui dis que j'espérais, au moins, avoir le plaisir de leur compagnie; ce à quoi, toujours avec la même courtoisie, mais aussi avec la même froideur, l'amiral

répondit que, depuis trois jours, sa sœur était tellement indisposée, qu'il lui était impossible de quitter
la chambre, et qu'à son grand regret, elle se trouvait ainsi empêchée de se rendre à mon invitation.

J'avais reçu la première excuse avec sang-froid
et le sourire sur les lèvres; mais, au second refus, je
ne pus retenir un mouvement d'impatience.

La reine le remarqua et s'approcha de nous.

— Le prince Caracciolo, dit-elle, est trop gentilhomme pour vous avoir fait une réponse discour-
toise, chère Emma; et cependant il semblerait, à
l'air de votre visage, que vous auriez à vous plaindre
de lui.

Au lieu de s'empresser de répondre et de se jus-
tifier, l'amiral me laissa le temps de prendre la
parole.

— Non, madame, répliquai-je, ce n'est point de
l'amiral que j'ai à me plaindre; c'est de la fatalité.

— Vous savez, chère Emma, que je n'aime pas
les énigmes; ainsi, expliquez-vous, je vous prie, reprit-elle avec cet accent qui indiquait chez elle le
commencement d'une tempête.

— Sans doute, madame : c'est la fatalité qui fait
que nous serons privés du plaisir de recevoir Son
Excellence, parce que le temps, qui est magnifique
à cette heure, menace d'être mauvais cette nuit. Et

ce n'est point une fatalité moindre qui a voulu que la sœur de M. l'amiral, le jour même où elle a reçu notre invitation, fût atteinte d'une indisposition assez grave pour la forcer de garder la chambre; ce qui force la charmante Cecilia, en bonne fille qu'elle est, à rester auprès de sa mère. Si bien que, par cette double fatalité, les fêtes qui vont être données en l'honneur d'un amiral, et d'un amiral vainqueur des Français, se passeront sans que nous ayons, pour lui faire honneur, une seule personne de la famille de l'illustre amiral Caracciolo, et sans que M. l'amiral lui-même puisse, au nom de la marine napolitaine, porter un toast à la marine anglaise.

La reine devint très-pâle et son sourcil se fronça.

— Prenez garde, monsieur l'amiral! dit-elle; les personnes qui auront trouvé des excuses bonnes ou mauvaises pour ne point assister aux fêtes de l'ambassadrice d'Angleterre, ne seront point invitées à celles que donnera la reine de Naples.

— Madame, répondit Caracciolo sans s'émouvoir, l'indisposition de ma pauvre sœur s'est déclarée avec une telle intensité, que, ces fêtes durassent-elles un mois, je doute que, même dans un mois, elle soit assez bien remise pour y prendre part.

Le roi s'impatientait, ignorant quel était l'objet

de cette longue conversation avec son amiral; et Nelson, me voyant rouge de honte et voyant la reine pâle de colère, s'approchait de nous avec inquiétude.

La reine, pour épargner à Nelson toute explication qui eût pu le blesser, et à moi toute humiliation qui eût pu me faire perdre de la considération à ses yeux, m'entraîna vivement en disant :

— Viens, Emma! viens! La santé de la sœur du prince nous intéresse tellement, que, tous les jours, nous enverrons prendre de ses nouvelles, jusqu'à ce que nous sachions qu'elle va mieux.

— C'est une attention qui lui sera d'autant plus précieuse, madame, répondit le prince, que, ne sachant point comment elle a pu la mériter, elle y verra une faveur toute particulière de Votre Majesté.

L'amiral prononça ces derniers mots avec une si respectueuse politesse, que la reine, qui n'acceptait pas facilement la dernière réplique de la part d'un adversaire quel qu'il fût, ne trouva pas un mot à répondre et s'éloigna en m'entraînant.

J'avoue que je la suivais les larmes aux yeux et le cœur percé. Comme ces triomphateurs romains qui entendaient, au milieu du triomphe, l'esclave leur crier qu'ils étaient mortels, au milieu de mon triomphe, une voix venait de me crier : « Favorite de la reine ! ambassadrice d'Angleterre ! milady Hamilton ! souviens-toi du lit d'Apollon et du trottoir de Haymarket ! »

On n'attendait que la reine pour débarquer. Quoique je fusse appuyée à son bras, au lieu qu'elle le fût au mien, ce qui était le signe de la plus grande faveur, je traversai la tête basse les rangs de ces courtisans qui m'enviaient. J'avais le sourire sur les lèvres et la mort dans l'âme !

Je n'avais jamais haï, je n'avais jamais désiré me venger de personne ; mais, à partir de ce moment, je sentis, comme un double serpent, la haine et le désir de la vengeance se glisser dans mon cœur.

Enfin on débarqua. Les voitures royales et celles de l'ambassade attendaient devant l'arsenal. L'amiral Nelson monta dans la première avec le roi, la reine et moi ; le prince héritier et la princesse royale firent les honneurs de la seconde à sir William. Chacun se plaça à volonté dans les autres voitures, non point cependant sans qu'il s'élevât quelques discussions d'étiquette.

L'ordre était donné aux cochers de se rendre à l'église Sainte-Claire, où le *Te Deum* devait être chanté par le cardinal-archevêque de Naples, monseigneur Capece Zurlo, assisté du cardinal Fabrizzio

Ruffo, dont j'ai déjà eu occasion de parler, et qui, sans s'en douter, et sans que personne s'en doutât, approchait de l'époque où il devait jouer un si grand rôle politique.

Mais cet ordre de se rendre à l'église Sainte-Claire était un ordre plus facile à donner par les maîtres qu'à suivre par les serviteurs : les rues étaient tellement encombrées de monde, et les voitures entourées d'une si incroyable multitude, qu'elles semblaient des chaloupes enveloppées des vagues de la mer et secouées par la houle. Autant la reine était peu populaire, autant, au contraire, le roi l'était. Jamais, lorsqu'il sortait, aucune troupe, aucun gendarme, aucune garde quelle qu'elle fût, ne s'interposait entre lui et la population. Le dernier lazzarone pouvait arriver jusqu'à lui, le toucher, lui parler, lui demander de ses nouvelles, s'informer quand il vendrait son poisson à Mergellina, ou mangerait son macaroni à Saint-Charles; et, comme on le comprend bien, cette race si familière profitait de la permission dans toute son étendue, et il était rare, dans les solennités du genre de celle-ci, que le roi n'eût pas trois ou quatre lazzaroni sur le siége de devant de sa voiture avec le cocher, autant sur le siége de derrière avec les laquais, et autant encore sur les marchepieds en guise de pages.

Nelson n'en revenait pas; habitué comme il l'était à la majestueuse dignité des souverains de la Grande-Bretagne et du calme et froid enthousiasme du peuple de Londres, ces bruyantes explosions méridionales lui donnaient le vertige. Au reste, en ce moment, le roi et la reine ne jouaient dans son esprit, et surtout dans son cœur, qu'un rôle secondaire. Assis en face de la reine, comme j'étais assise en face du roi, il s'était emparé de ma main droite, et il la serrait avec des frissonnements fiévreux qui indiquaient le trouble de son âme et me disaient quelles émotions violentes faisaient monter le sang à son cœur.

Nous mîmes plus d'une heure, j'en suis sûre, pour aller du quai jusqu'à Sainte-Claire. Le *Te Deum* dura ensuite une demi-heure et le retour trois quarts d'heure, à peu près. Enfin, nous atteignîmes le palais de l'ambassade d'Angleterre; il était temps; j'étais brisée de fatigue, d'émotion et surtout de colère!

L'immense portique du palais Calabrito avait été transformé en un arc de triomphe, de chaque côté duquel s'élevaient des mâts avec des bannières portant le nom de Nelson. Jusqu'au premier étage, l'escalier offrait littéralement une voûte de lauriers et de fleurs.

Un dîner de quatre-vingts couverts était servi dans la galerie des tableaux. Au dessert, les cent vingt musiciens de l'orchestre de Saint-Charles sonnèrent tous ensemble l'air du *God save the king*, interrompu par une voix merveilleuse chantant les couplets.

Un dernier couplet avait été composé en l'honneur de Nelson.

Le voici :

> Join we great Nelson's name,
> First on the rolls of fame;
> Him let us sing.
> Spread we his fame around,
> Honor of British ground,
> Who made Nile's shore resound.
> God save the king!

On comprend avec quel enthousiasme ce couplet fut reçu. Le roi, la reine, le prince royal et tous les convives l'écoutèrent debout, et les cris de « Vive Nelson ! vive le vainqueur du Nil ! vive le sauveur de l'Italie ! » éclatèrent d'abord dans les bouches royales et furent ensuite répétés par tous les convives.

Comment n'eussé-je point été enivrée par toutes ces louanges, par toutes ces fumées, par tous ces encens ! Non ! je le dis hautement, poussée comme je l'étais par la reine, presque autorisée par le silence de sir William, qui ne fit rien pour me soutenir, je ne pouvais éviter une nouvelle chute; nulle femme à ma place n'eût eu la force de résister.

Aussi a-t-on dit que je m'étais donnée dès le premier jour, presque à la première vue. C'est une calomnie comme il en a été tant répandu sur mon compte. Par malheur, le passé était loin de me défendre contre les malveillants! En réalité, ce fut seulement plus de six mois après que je laissai entendre, par une lettre, à Nelson éloigné de moi, que *je pourrais* répondre à son amour.

Et, en preuve de ce que je dis, je citerai la lettre suivante de Nelson.

Elle est du 24 octobre 1798, un mois après l'entrée de Nelson à Naples; elle prouvera qu'à cette époque, il n'existait encore absolument rien entre nous.

« *Van-Guard*, of Malte.

» Chère madame,

» Nous voici arrivés après une longue traversée.

» Tout est comme je l'avais soupçonné. Les ministres de Naples ne savent absolument rien de la position où se trouve cette île. Il n'y a pas une maison ni un bastion de Malte qui soit dans la possession des insulaires, et le marquis de Nizza m'a dit qu'ils avaient le plus grand besoin de munitions, d'armes, de vivres, de secours enfin. Il ne sait pas s'il y a des officiers napolitains dans l'île, et, quoique j'aie une liste de leurs noms, ils ne sont point encore arrivés. Ce que m'a affirmé le marquis de Nizza et ce qu'il y a de certain, c'est qu'aucun secours n'a été envoyé par les gouverneurs de Messine et de Syracuse.

» Cependant, je veux tout savoir. A peine le marquis sera-t-il parti demain matin, que je m'informerai. Il me dit qu'il désire ardemment servir sous mon commandement. Je le crois, du moment où il consent à changer de bâtiment. Nous verrons, au reste, comment il se pliera à notre discipline.

» Ball, après mon départ, aura la conduite du blocus. Je dis : après mon départ, attendu qu'il semble à la cour des Deux-Siciles que ma présence soit nécessaire à Naples vers le commencement de novembre.

» J'espère qu'il en sera ainsi. Toutefois, je sens que mon devoir m'appelle en Orient; quoique la flotte française ait été détruite en Égypte, je ne suis pas sûr que l'armée ne reviendra jamais en .Europe.

» Mais, avant tout, mon but est de servir et de sauver le royaume des Deux-Siciles, et de faire ce que Leurs Majestés Siciliennes *désireront que je fasse, fût-ce contre mon opinion*, quand je viendrai à Naples et que le pays sera en guerre. Je compte avoir sur ce point une conférence positive avec le général Acton.

» Je suis certain que vous me rendez justice, et que la reine sera bien convaincue que mon seul désir est de mériter son approbation.

» Que Dieu vous protége, vous et sir William, et croyez-moi pour toujours, avec le plus affectueux respect, votre obligé et fidèle ami,

» HORATIO NELSON. »

Personne, je l'espère, ne reconnaîtra dans cette lettre une seule parole qui ne soit pas d'un ami, d'un ami tendre, plein de dévouement, mais qui n'est encore qu'un ami.

Certes, je ne me trompais pas, ni la reine non plus, sur ce grand dévouement de Nelson pour elle et son mari. Si Nelson revenait à Naples, c'était pour m'y voir; s'il n'allait pas en Orient, où son devoir l'appelait, c'était pour ne pas s'éloigner de moi. Et ses prévisions sur l'Orient étaient si vraies,

que, s'il ne fût point resté à Naples, peut-être, lorsque le général Bonaparte s'embarqua, le 22 août
1799, pour revenir en France, eût-il empêché ce
retour, qui changea la face de l'Europe. Mais, le
22 août 1799, il était près de moi à Palerme, et je
doute qu'il m'eût quittée un jour, même avec la
certitude de prendre Bonaparte.

FIN DU TOME TROISIÈME

POISSY. — TYP. ET STÉR. DE A. BOURET.